知的生きかた文庫

最高のリーダーは、チームの仕事をシンプルにする

阿比留眞二

JN131900

三笠書房

はじめに

あらゆる仕事を〝単純明快《シンプル》〟にするマネジメント法

私は、花王株式会社で二六年間、会社員として経験を積み、現在は「課題解決コンサルタント」として独立し、活動しています。

「課題解決」のコンサルティングとは、この複雑なビジネス環境において、多くの選択肢がある中から自分の課題を見つけ出す方法を提示することです。

言い換えると、**仕事をシンプル化し、自分がやるべきことを絞り込み、それを確実に実行して結果を出す**――そのメソッドを指導しています。

この「課題解決」のメソッドは、花王にいるときに私のチームが開発したものです。私は独立後、このメソッドに独自の改良を加えながら、官公庁から食品、印刷、ＩＴ、自動車、飲食……まで、さまざまな業界のリーダーたちを指導してきました。

優秀なリーダーとは、カリスマ性がある人でも、特別な能力がある人でもありません。**「自分や自分のチームの仕事をシンプルにする力」**がある人のことです。

この高度情報化時代において、いかに自分や自分のチームがやるべきことを厳選し、部下に明確な指示を与えてチームを成功に導くか——ここが、優秀なリーダーと、そうでないリーダーの最大の分岐点になります。

なぜ、この考えに至ったのか、私のこれまでのキャリアに簡単に触れながら、ご紹介したいと思います。

私は、花王では管理部門、販売部門、社員教育部門に配属され、さまざまな仕事を担当しました。このことは、会社の仕事全体を俯瞰《ふかん》してみる力を身につける貴重な経験になったと考えています。

たとえば、管理部門では、「お金の流れを管理、予測する力」が身につきましたし、販売部門では、「商品を売る力」「社内外の人とのコミュニケーションを円滑にする力」が身につきました。

この二つの部門を経験したことにより、「人」「物」「お金」をどのように動かしていけばいいのかが、わかるようになりました。

そして、その後、社員教育を担当する部門に配属されました。私たちのチームが特に力を入れることになったのが、「リーダーのためのマネジメントスキル」を教える研修です。

そんなとき花王である事件が起こりました。

化粧品部門で行なわれていた、商品の押し込み販売という不正が発覚し、四〇〇億円分もの商品を引き取ることになったのです。どこかのメディアに知られたわけではありませんでしたが、当時の社長は、自発的にこれを開示しました。そして全国各地を回って聞き取り調査を行ない、各部門のリーダーと協調して改善策をつくるなど、大変な仕事をされました。

このことは、マスコミでも大きく取り上げられましたので、ご存じの方もいらっしゃるかもしれません。

このショッキングな事件で私は、トップや部門のリーダーの地位にある人は、重大な責任を担っていることにあらためて気づかされました。

現状維持のぬるま湯につかることなく、常に「課題意識」を強く持って仕事に取り組む——これができないリーダーは、会社に大きな損害を与え、結果として、評価されない人間になってしまうのだ、と。

「課題意識」は、「問題意識」と似ているようで、違います。

たとえば、「会社の売上が下がっている」という事態が起こったとします。あなたが営業部のリーダーであれば、会社の売上が下がっているというのは、あなたや、あなたのチームにとっての「問題」でもありますが、あなたや、あなたのチーム「だけ」の問題ではありません。会社全体や各部門の問題でもあります。

一方で、「課題」とは、その会社全体の問題を解決するために、「会社」ではなく「自分」や「自分のチーム」がやるべきことです。つまり、あなたや、あなたのチームに特定化された、解決すべき問題が「課題」なのです。

リーダーは誰もが会社に対しての「問題意識」は持っています。しかし、では自分が何をすればいいのかという「課題意識」を持っているリーダーは、残念ながらそう多くありません。

この「課題意識」を強く持ち、自分がやるべきことを常に明確にし、それを実行することのできる人だけが、一流のリーダーになれる——。

そう考え、私たちの部門は試行錯誤を重ね、「課題解決のメソッド」をつくり上げました。このメソッドは、いまでも花王で使われています。

このメソッドをベースに、本書では、私の独自の視点や切り口を加え、「リーダーのための仕事をシンプルにする方法」をご紹介します。

「課題解決のメソッド」には七つのステップがあり、その解説自体は2章でご紹介していますが、このメソッドの根本的な考え方は、物事を「単純・明快」にし、仕事を合理的、効率的に進めるということであり、この本の内容全体に貫かれています。

・会社の「問題」と、自分の「課題」を混同しない

・仕事は「より少なく、しかしよりよく」する
・常に「全体最適」を考えて部下を動かす
・「優先順位」だけでなく「劣後順位」も明確にする
・仕事を「やめる」のも、「すぐに」やる
・上司と部下の違いは「役割だけ」と心得る
・自分なりのシンプルな「仕事の原則」を築く

……これらのエッセンスは、リーダー一年生からベテランまで、チームのマネジメントや部下指導に悩む人たちに必ず役立つと信じています。

いまのビジネスの現場を見ていて思うのは、特にリーダー層の悩みは、とてつもなく大きく、深いものになっている、ということです。

あまりにも多くの情報が氾濫し、世の中がめまぐるしく変化する中で、若いマネジャーは何をどうしたらよいかわからず、ただ目の前の仕事に忙殺されています。

ベテランのマネジャーはマネジャーで、やはり忙しく、若いマネジャーの悩みを聞く余裕などなく、目先の利益を上げることだけに躍起になっています。

つまり、「忙しさの連鎖」により、ただただ日々の業務をこなしている――。そのような状況があらゆる職場で起きているのです。

この**「忙しさの連鎖」から脱却するための本書のメソッド**をぜひ、あなたの仕事に取り入れてみてください。

驚くほど仕事が快適になります。日々の業務の効率性、生産性が上がります。チームワークがよくなります。そして、多くの成果を出すことができるようになるでしょう。

阿比留眞二

第1章

最高のリーダーの、仕事を「シンプル」にする力
——会社の「問題」と、自分の「課題」を混同するな

第2章

一流のリーダーの、「選択と集中」マネジメント

――「やること」「やらないこと」の見極め方

第3章

できるリーダーは、「この方法」で人を動かす

――部下マネジメントに小難しい理論はいらない

第4章

結果を出すリーダーの、チームを一つにまとめる技術

――段取り力、指導力、調整力、人間的魅力……

第5章

伸びるリーダーの、仕事を面白くする発想法

――「いいアイデア」の出し方から「信念」のつくり方まで

編集協力／森下裕士
本文ＤＴＰ／株式会社Ｓｕｎ　Ｆｕｅｒｚａ

第1章

最高のリーダーの、仕事を「シンプル」にする力

――会社の「問題」と、自分の「課題」を混同するな

「リーダーの差」は、ここに出る

「できるリーダー」と「できないリーダー」。

その違いはどこにあるのか？

私は経営コンサルタントとして、いつもその点に注目してきました。

しかし、結論からいうと、できるリーダーと、できないリーダーに、それほど多くの違いはありません。能力的にも大きな差はないのです。

では、両者を分けるポイントは何か。どこにあるのか？

結果を出しているリーダーをよく観察すると、冷静に、巧みに周りの状況を把握しながら、「やるべきこと」「やるべきでないこと」を的確に判断し、仕事を効率的、生産的に進めているのがわかります。

できないリーダーのように、「あれも、これも……」とむやみに手を出さず、「あれか、これか」をしっかり選択し、自分の仕事も、チームの仕事も「シンプル」にする——。

この「仕事をシンプルにする力」があるかどうかが、できるリーダーと、できないリーダーの分岐点なのです。

必要なのは、「捨てる力」

「物事はすべて、できるだけ単純にすべきだ」

これは、アインシュタインの言葉ですが、「仕事をシンプルにする力」――この力があるからこそ、優秀なリーダーは、どんな状況にあっても、常によりよい選択肢を見つけることができ、結果を出すことができるのです。

この力を養うにはどうすればいいのか？

まず「捨てる力」を身につけなければなりません。

現代は高度かつ複雑な情報化社会であり、「捨てる」という発想がないと、情報の洪水に溺れてしまいます。

もちろん、この「捨てる」ことの大切さには誰もが気づいていることでしょう。

しかし、実際にはそれを実行できていないリーダーが非常に多いのです。

現代には、もはや一人ひとりの個々人で処理可能な量をはるかに超える情報があふれかえっています。

それを考えれば、多くのことに手を出すのではなく、本当に必要な情報を厳選し、やるべきことのみに集中しなければ、結果など出せないのは明白です。

リーダーという地位にあるのなら、情報の要・不要の判断ができる力が不可欠なのです。

人が「同時にできること」は、せいぜい三つ

また、人間の脳の機能を考えても、情報や、やることを厳選するための「捨てる力」がなければ、自分の仕事もチームの仕事も円滑に回すことは不可能なのです。

脳には「ワーキングメモリ」という機能があります。これは、脳のメモ帳的な機能で、情報や記憶を一時的に保持して、なんらかの知的作業を実行するときに働き

ます。

読む、書く、見る、聞く、話す、考える、相手の心をくみ取る……というときには、この機能が働きます。

しかし、このワーキングメモリの容量は、おおよそ三つ、多くて四つといわれています。つまり、どんな人でも、「あれ」「これ」「それ」という三つ、多くてもう一つくらいしか物事を同時に処理しきれないのです。

会社の「問題」と、自分の「課題」を混同するな

「仕事をシンプルにする力」があるリーダーは、自分が解決すべき「課題」を明確につかみ、それを確実に解決することができます。

では、リーダーが解決すべき「課題」とは何か。

「はじめに」でも簡単に触れましたが、まず、「課題」と「問題」はどう違うのかについて、お話ししましょう。

「問題」というのは、あるべき理想の姿と現状の間に差が出現したときに起こります。言い換えると、目標と現実の間にギャップが生まれているときに起こるのです。たとえば、営業でいうと、売上目標と実績に差が生まれていれば、そこに「問題」が起こったということになります。

一方、「課題」とは、その問題を解決するために、「会社」ではなく「自分」がやるべきことです。つまり、自分個人にとって特定化された解決すべきこと――それが「課題」だといえるのです。

なぜ仕事が〝複雑化〟してしまうのか？

リーダーは、会社の「問題」を自分の「課題」に落とし込むことができなければ、自分が何をすべきか、部下に何をさせるべきか、わかりません。

「やるべきこと」も、「やるべきでないこと」も不明瞭のまま、あれもやる、これもやれ、とむやみに手を出せば、仕事を複雑化させるばかりで、当然、結果を出すことはできないでしょう。

会社の「問題」を、自分の「課題」に落とし込む。すると、無駄な選択肢を捨てることができ、自分が本当にやるべきことが見えてくるのです。そして、それは確実に成果につながっていきます。

じつは、結果を出せないリーダーの多くは、会社の「問題」と、自分の「課題」を混同し、仕事を複雑化させています。

たとえば、あなたが、営業部のリーダーだったとしましょう。

売上が上がらない――というのは、もちろん、あなたにとっての「問題」でもありますが、しかし、あなた〝だけ〟の問題ではありません。会社全体や各部門の問題でもあるからです。

会社全体や各部門の「問題」でもある「売上が上がらない」を解決するために、リーダーとして自分は何をすべきか――。これを考えていくことで、自分の「課題」を特定し、仕事を簡潔・明快にしなければなりません。

それをしないと、先にも述べたように「あれも大事だし、これも大事だ」となり、選択肢がどんどんふくらんでいき、仕事をどんどん複雑化させ、リーダーとして有効な手を打つことができなくなります。

仕事を「絞り込む」のがリーダーの役目

そのように「仕事をシンプルにする力」のないリーダーは、得てして根性論、精神論に走ります。明確な指示が出せないので、「もっと頑張れ！」「なんとかしろ！」と、部下をただ煽《あお》るだけになります。

それで人を動かせるでしょうか。

動かせるわけがありません。

「もう十分に頑張っています。どう頑張ればいいのか、具体的に教えてください」と部下に反発され、「無能な上司」の烙印を押されることになるのです。

部下にあいまいな指示を出さないために、リーダーは「仕事をシンプルにする力」を磨かなければなりません。

会社の「問題」を、自分の「課題」に落とし込む

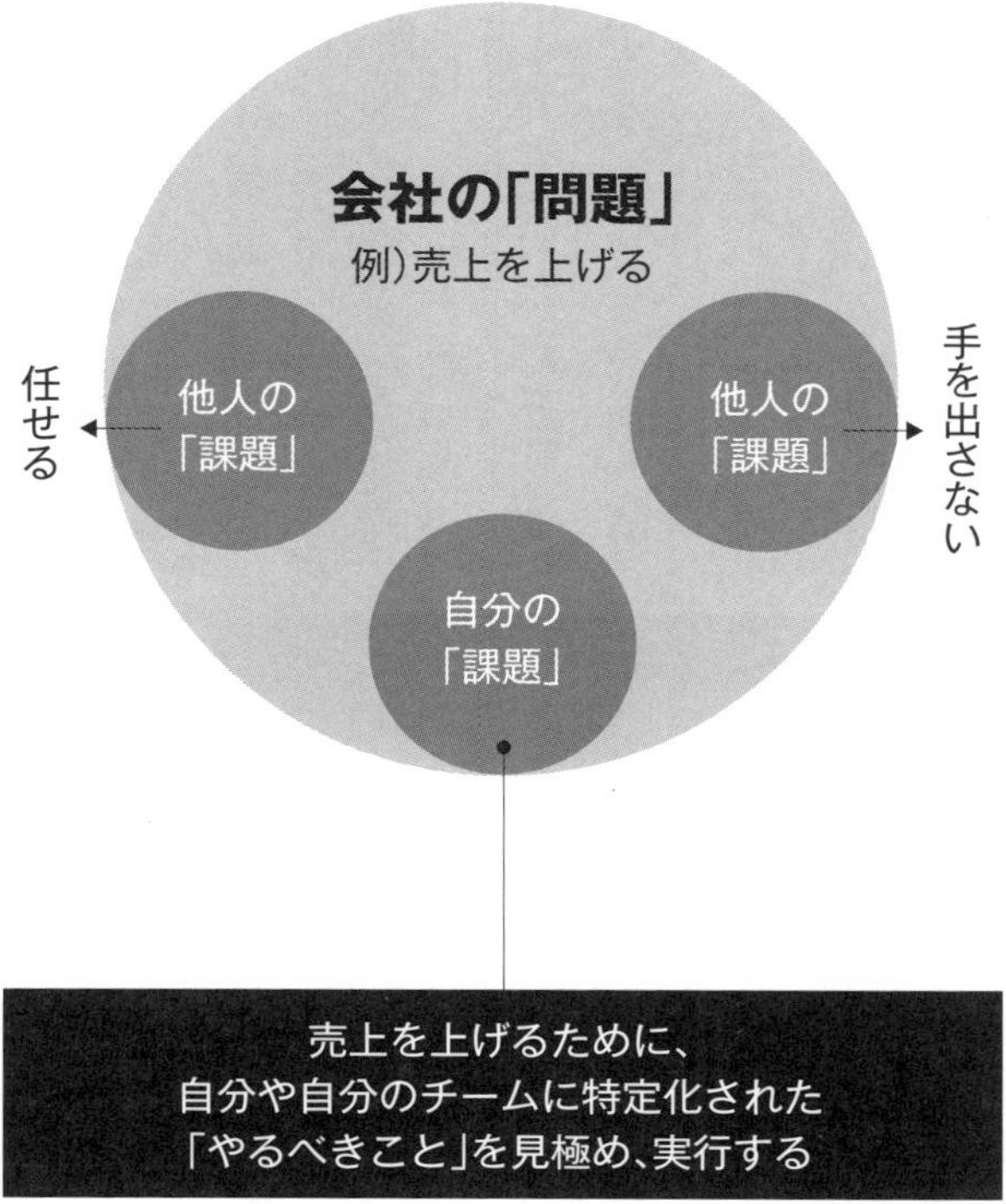

繰り返しますが、そのためにリーダーは、会社全体の「問題」を、自分と自分のチームが解決すべき「課題」に落とし込み、その課題をクリアするために、仕事を「絞り込む」必要があるのです。

それがリーダーの役目なのです。

そうしなければ、漠然としたまま売上を上げるという目標に向かって進んでいくことになります。それでは当然、いい結果など出せません。

リーダーの究極の「存在意義」

リーダーの「存在意義」というのは、シンプルです。究極的にはたった一つです。

「常に会社全体の成長・成功に寄与するために存在している」のです。

したがって、「会社全体」の成長・成功につながらない考え方、行動は捨てなければなりません。

たとえば、私利私欲を優先させて物事を進めたり、部下に指示を出したりするのは、リーダーとして絶対にやってはいけないことです。

部下に、「なぜ、この仕事をしなければならないのか」を指示するとき、それがリーダーの私利私欲から出たものであったとしたら、部下は動いてくれるでしょうか？

動いてくれません。部下は上司の考えや行動を普段からよく見ています。上司のよこしまな考えや行動を敏感に察知します。部下をきちんと動かせないのであれば、当然、いい結果など望むべくもありません。

私はリーダー向けに研修を行なう際、必ず次のことを問います。

「仕事をするうえで一番大切なことは何か？　そしてあなたの役割は何か？」

リーダーは常に「会社全体」の成長・成功のために仕事をしなければいけないことをきちんと理解しているか、そして、そのために自分がやるべきこと、やるべきでないことを明確につかんでいるか――それをまず問うわけです。

この二つのポイントを押さえてはじめて、リーダーとしてチームのメンバーに首尾一貫した、一本筋の通った指示を出すことができるのです。

部下に〝無理難題〟を押しつけない

たとえば、あなたが営業部の課長で、来期の売上目標として会社全体では一〇二％、しかし、それに対して自分の課は一〇五％のアップをめざすことになったとします。あなたはこの「三％の差」について、部下に説明しなければなりません。

もし、それが、内部要因や外部要因も含めてよく考えたうえでの妥当な数字で、その目標を実現するための具体的なアイデア、策があれば、それを伝え、部下を納得させることができるでしょう。

そうではなく、もし、それが部長にいい顔をしたい、自分の成果を幹部にアピールしたいといった〝私利私欲〟から出た数字で、しかもそれを実現するための具体的なアイデア、策がなく、ただ「やれ！」と命じるだけでは、部下は納得できませんし、具体的な行動を起こすこともできません。

そういう二流以下のリーダーは、部下を「手下」にしてしまい、無理難題を押しつけることになります。そういう理不尽なことをするリーダーに、下の者がついていくことはありません。

部下がついてこないわけですから、もちろん、成果など出せません。成果が出ないわけですから、自分の評価も下がります。そして、やがて淘汰《とうた》されてしまうのです。

繰り返しますが、リーダーというのは、常に「会社全体」の成長・成功に寄与するために存在しているのです。

そして、「会社全体」のためにならない選択肢は捨てる。それが、リーダーとしての「仕事をシンプルにする力」を養ううえでの大前提となります。

仕事は「より少なく、しかしよりよく」する

ドラッカーが語った「選択と集中」については、いまやビジネスの大原則として誰もが知っていることでしょう。

簡単に説明すると、

「やるべきことを選択し、それに集中することでこそ、大きな成果を上げられる」

ということです。

GE（ゼネラル・エレクトリック）の再建を託されたジャック・ウェルチ氏は、GEの経営資源を、世界ナンバー1もしくはナンバー2になれる事業のみに集中させました。それ以外の事業を撤退させた結果、不振にあえいでいたGEをみごとに復活させたのは有名な話です。

また、アメリカの経営コンサルタント、グレッグ・マキューン氏も、

「より少なく、しかしよりよく」

という戦略を提唱しています。

一流のリーダーが「選択と集中」の大原則を守っていることを知れば、これがビジネスの基礎の基礎だということがよくわかるはずです。

結果を出せないリーダーほど、「あれも、これも」とさまざまなことに手をつけて、どんどん「仕事の足し算」をしてしまいます。そして、物事を複雑化させます。

足し算をするということは、多くの結果を追い求めるということなので、そうする気持ちはわからなくもありません。

しかし、リーダーは、収益性の高いプロジェクトに力を集中させて取り組まなければなりませんし、採算が取れないことは、思いきってやめる、やらないと決断することも必要なのです。

つまり、リーダーは、「引き算」で仕事をする力がなければならないのです。

できるリーダーは、やめるのも「すぐに」やる

かつて私が社員だったとき、花王は中国に進出しましたが、すぐに撤退しました。再進出した現在は、赤ちゃんのおむつである「メリーズ」が中国で大人気でうまくいっていますが、じつは、花王はそれよりも前に一度、化粧品事業で中国に進出したことがあったのです。

非常に優秀だった私の上司がリーダーシップを取り、中国市場に挑みました。し

かし撤退することになってしまったのです。

その原因は、「コネ」の大切さに気づいていなかったことにあります。いまでは常識なのですが、中国はコネ社会です。当時はその情報がなく、日本市場と同じように、「いい製品さえ販売すれば利益が上がる」と信じていたのです。

コネがあって、そのうえでいい製品を提供すればうまくいくのですが、そのコネがなかったため、うまくいきませんでした。

しかし、ここでいいたいのは、なぜ中国進出に失敗したのか、ということではありません。うまくいかないとわかった時点で、すぐに中国から撤退したリーダーの英断に学ぶべきことがある、ということです。

撤退するには、大きな勇気が必要です。投資した分をなんとか取り戻したいと考えるのが人情です。また、リーダーシップを取って進出した手前、なんらかの結果を出したいというのが正直な気持ちだと思います。

しかし、私の上司は、採算が取れないとわかった時点で、すぐに中国から撤退しました。

やらざるべきことは、絶対やらない

これは、「選択と集中」の大原則に忠実な、正しい判断だと私は感じました。

私利私欲を捨てて、「リーダーとして、会社のためにやるべきことをやる、やるべきではないことはやらない」というシンプルな原理原則に従えば、撤退は怖くないということです。

この上司は、不振にあえいでいた花王の国内の化粧品事業を立て直した功労者であり、きわめて優秀な人物でした。不採算部門をすべて切り、化粧品事業を一気に立て直した実績がありました。リーダーとして、やるべきことをやってきた、やるべきでないことはやらなかった、立派な人でした。

この上司がリーダーとして優れていることは、本来ならチャレンジ志向で、圧倒的な実績もあるのに、自分の評価を下げてまで中国から撤退したことでさらに証明されました。

この上司は会社のことを真剣に考えている。私利私欲で動かない――。こう理解した私たち部下は、さらに深くこの上司を尊敬し、「この人のためにも頑張ろう」と決意しました。

花王のシンプルな「仕事の五原則」

この上司が中国からすぐに撤退し、「選択と集中」の大原則を守れたのには理由があります。それは、「花王の五原則」を守り、思考がブレなかったからです。

「花王の五原則」はシンプルな原則で、次のとおりです。

原則一「社会的有用性の原則」社会にとって、今後とも真に有用なものか。

原則二「創造性の原則」自社の創造的技術、技能、アイデアが盛り込まれているか。

原則三「パフォーマンス・バイ・コストの原則」コストパフォーマンスでどの企

業の商品よりも優れているか。

原則四「調査徹底の原則」あらゆる局面での消費者テストで、そのスクリーニングに耐えたか。

原則五「流通適合化の原則」流通の場でその商品にかかわる情報を消費者に伝達する能力があるか。

中国事業は五原則の四と五に当てはまらなかったのです。

自分なりの「仕事の原則」をつくる

会社の原則にもとづき、選択と集中を行なうため、「やるべきこと」「やるべきでないこと」を明確にする。これはリーダーにとって必要な力です。

ただ、会社によっては、このような原則が定められていないところもあります。

その場合は、自分なりの「仕事の原則」を持つ必要があります。

自分の「仕事の原則」をつくる方法はシンプルです。

「無理なこと、無駄なことをやらないためにはどうすればよいか」を考えればいいのです。

たとえば、ゴルフ初心者は、ボールを打つときに、力の入りすぎた不自然なスイングをしてしまいます。しかし、練習を重ね、「不自然さ」を削ぎ落としていくことによって、理想的なフォームでボールを打つことができるようになります。

不自然さの根底には、「無理」と「無駄」があります。この二つを取り除くための「仕事の原則」をつくっていけばいいのです。

たとえば、無理な残業をしているとか、無駄な会議をしているとか、それは自然の法則に反しているので、必ずなんらかの問題が起こります。

「無理なこと、無駄なことをしていないか?」という視点を常に持ちましょう。

この二つの視点があれば、物事の「不自然さ」に敏感になりますので、「この行動はしない、この選択肢はやめよう」という判断ができるようになり、自分の中に「仕事の原則」がつくられていきます。

「仕事の原則」が自分の中にあれば、シンプルに考え、正しく判断・行動することができます。そして、そういうリーダーこそが結果を出すのです。

「シンプル力」を磨く四つのポイント

リーダーは「仕事をシンプルにする力」を身につけなければならない――ということについて述べてきましたが、その力を磨くために、ぜひ押さえておきたいポイントが四つあります。

ポイント①感情の波を小さくする

人は感情の生き物といっても過言ではありません。「仕事をシンプルにする力」を身につけるためには、この感情をコントロールすることが必要不可欠です。

感情をなくすことはできません。大事なのは、感情の「波」をできるだけ小さくすることです。

人は、感情に波があればあるほど、非論理的で複雑な思考、行動をしてしまうことが多くなります。特に怒りや嫉妬など、マイナス感情に振り回されるリーダーは、本当は捨てなければならない選択肢——会社全体の成長・成功に寄与しない選択肢を選び取ってしまいがちです。

たとえば、能力があり、将来性もある部下がいるのに、どうも気にくわない、なんかソリが合わない、といった〝私情〟を優先させて、その芽を摘んでしまったりするのです。そして、その部下を追い出してしまったりする。

あるいは逆に、部下が何か逸脱した行為でチーム全体に迷惑をかけて、本来であれば厳しく叱らなければならないところを、自分の「お気に入り」だからと甘い対応をしてしまう。これは、二流以下のリーダーがやることです。

また、感情に波があると、「思考の軸」がブレます。思考の軸がブレる人は、戦略や戦術を明確に定めることができず、右往左往し、仕事を複雑化させ、無駄な動きや無駄な指示が多くなります。チームを有効に動かすことができないのです。

ですから、リーダーは、できるだけ心をニュートラルな状態にしておく必要があります。

仕事は選択の連続です。目標達成までの道のりで何度も選択を迫られます。そのとき、感情の波が小さい人ほど、シンプルかつ合理的な判断ができるのです。

ポイント②立ち止まる

「仕事をシンプルにする力」を磨くには、「立ち止まる」ということも大切です。

リーダーは、「行け行けどんどん」ではいけません。大声を張り上げ、「あれをやれ、これをやれ！」と命令し、部下を煽ってむやみに突っ走らせるリーダーは、チームや組織を危うくします。

できるリーダーは、どんなに忙しくても、「仕事全体の進捗状況を確認するための時間」を確保します。そして、自分たちはいま、ゴールまでの道のりの、どのあたりにいるのか、無駄な動きをしていないか、仕事を効率的に進められているかを繰り返し何度もチェックします。

リーダーは闇雲《やみくも》に突っ走ってはいけません。そして、部下を闇雲に突っ走らせてもいけません。「労多くして功少なし」の行動を捨てて、シンプルかつ合理的、効率的にチームを動かすのがリーダーの役目なのです。

もし、不安になったり、何か気になることがあったりしたら、立ち止まればいいのです。

そのほうが、結果的に早くゴールにたどり着くことができます。闇雲に自分が仕事を進めて、または部下に仕事を進めさせて、いざ間違いに気づいたときには、すでに取り返しがつかない状況になっていた……これは、最悪なのです。

そうならないために、リーダーは、「行け行けどんどん」で突っ走らず、「立ち止まる」習慣を身につけること。そして、「やるべきでないこと」を捨てて、「やるべきこと」に時間と労力とお金を集中させるのです。

それが、仕事をシンプルにする、ということです。リーダーはその力を身につけなければなりません。

また、部下指導の面でも、「立ち止まらせる」ということが時に必要になります。

部下が小さな失敗をするのは、悪いことではありませんが、間違った方向へ走り、取り返しのつかない大きな失敗をしてしまっては、会社全体のためになりません。

意識が高く、能力も高い部下ほど、自分の思いのままに突っ走ろうとするものです。そういった部下には、リーダーがよく話をして、冷静さを取り戻させることが大切です。

誰かが突っ走りすぎると、チームでやっていることに支障をきたします。リーダーにとって「立ち止まる」のは重要なスキルなのです。

ポイント③長期的な視点を持つ

「仕事をシンプルにする力」を磨くためには、「長期的な視点を持つ」ことが不可欠です。

大きな結果は、長期的な視点で戦略を立てて、短期的な視点で戦術を遂行していくことで得られます。

短期的視点で仕事をするのは、部下でもできます。目の前の仕事に全力を注いでいればいいわけですから。

しかし、リーダーは、それではいけません。

仕事には、「短期的に見れば正解」でも、「長期的に見れば不正解」の捨てるべき選択肢というものがあります。

それを見極めるのは、リーダーの役目なのです。

たとえば、最近世に出した、商品Aが発売直後から好調だったとしましょう。そして、ちょうど会社として何かしらの商品に、お金をかけてプロモーションを始めることになったとします。

その場合、当然、商品Aをプロモーションの対象商品にしたくなります。しかし、その商品は発売直後なので、十分な在庫がありません。

もし、そんなときにその商品の大々的な販売促進をかけてしまうと、品切れが起こり、生産も追いつかず、プロモーションを見て購入しようとお店まで来てくれたお客さんが、手にすることができない可能性が出てきます。

そうすると、お客さんは当然「あんなに宣伝しているのに、なぜ商品がないんだ」と不満に思ってしまいます。

これでは、顧客満足度を著しく下げ、会社の信用を落としてしまうことになりかねません。こういった場合は、コンスタントに売れている、ロングセラーの商品を販促するべきなのです。

では、「長期的な視点」は、どうすれば持つことができるのでしょうか。

それは、「自分より上位の人の視点」で物事を考えることです。

「私が部長だったら」「私が役員だったら」「私が社長だったら」と、自分の上位にいる人が考えていることをしっかりと把握し、ゴールを見定め、そのゴールにたどり着くために自分は何をすべきか、部下をどう動かすのか、合理的な手を考えることです。

「自分より上位の人の視点」で物事を見ることで、よりシンプルな、より大きな、より長期的な視点を持つことができます。

ポイント④社内の人間と戦わない

社内の「ライバル」を意識することは、それがモチベーションにつながることもあるので、一概に悪いとはいえませんが、そのライバルに勝つことばかりに意識がいくと、自分のチームを成功に導く、というリーダー本来の目的よりも、自分個人の戦いに集中してしまうことになります。

その結果、リーダーとして「やるべきでないこと」に部下を動かすことになり、物事を複雑にしてしまいます。

何度も述べているように、リーダーは、常に会社全体の成長・成功に寄与するために存在しているのです。〝私闘〟のためにチームを動かしてしまうリーダーなど、人の上に立つ資格はないといっていいでしょう。

戦うべき相手は、「外」にいるのです。社内の「お隣さん」と張り合っているようでは、よきリーダーになれません。

社内のライバルは、「敵」ではなくあくまでも「好敵手」。自分を高めるための存在です。「あの人に比べると、自分はここが劣っているから克服しよう」とか、「あの人に比べると、自分はここが勝っているからさらに伸ばそう」とか、そういうふうに考えられるようになることです。

「シンプル力」がある一流のリーダーとは？

○一流
感情をコントロールする

×二流
感情に振り回される

○一流
確認のために立ち止まる

×二流
闇雲に突っ走る

○一流
より大きく、より長期的な視点を持つ

×二流
目の前の仕事のみに全力を注ぐ

○一流
他社のライバルと切磋琢磨する

×二流
社内の人間と権力闘争する

ライバルは、自分がリーダーとしてさらなる成長を遂げるために「活用」することが大事なのです。

仕事をシンプルにすると「やる気」も上がる

リーダーが「仕事をシンプルにする力」を磨かなければならない大きな理由の一つは、「モチベーション」が断然高まるからです。

できるリーダーは、自分の仕事に「楽しみ」や「喜び」を見出しながら、モチベーションを高く持って仕事に取り組んでいます。

これは、大変重要なポイントです。

「仕事をシンプルにする力」がないと、「やるべきこと」が明確にならず、「やらなくていいこと」「やるべきでないこと」に振り回されることになります。

「やるべきこと」を明確にするには、会社全体の「問題」を、自分に特定化された「課題」に落とし込むことが重要だ——ということは述べましたが、これができないと、仕事が「自分事」にならないのです。仕事が「自分事」ではなく「他人事」では、やる気が出ないのも当然です。

仕事が「自分事」になっているか？

仕事は、「他人から与えられたもの（他人事）ではなく、自身で見つけたもの（自分事）」になってはじめて、高いモチベーションを維持しながら取り組むことができます。

もちろん、これは、リーダーに限ったことではありません。目標を達成するために、高いモチベーションを維持しながら仕事に取り組み、結果を出していくことは、すべてのビジネスパーソンにとって大切なことでしょう。

しかし、リーダーは、文字どおり、人を「リード」する人間です。人を率いていく者なのです。それには強い、高いモチベーションが必要です。

会社全体の「問題」を、自分に特定化された「課題」に落とし込み、「やるべきでないこと」を捨てて、「やるべきこと」を明確にし、それに集中することで、モチベーションを高く持って仕事に取り組む——。これこそ、できるリーダーの姿です。

できるリーダーには「余裕」がある

できるリーダーになるためには、仕事に「優先順位」をつけなければなりません。いうまでもなく、仕事には、優先順位が高いものと、低いものがあります。目の前の仕事をただこなしていくのでは、重要な仕事を後回しにすることになります。それでは、いつまでたってもいい結果は出ません。

リーダーの立場になると、多くの仕事が舞い込んできます。しかし、時間は有限です。「結果につながる仕事」を見極め、それ以外は捨てて、物事をシンプルに実行していくことがリーダーには求められます。

また、優先順位をしっかり決めて、「仕事を絞る」ことは、精神的な余裕も生みます。リーダーは、部下と一緒に目の前の仕事に忙殺されていてはいけません。仕

事全体を俯瞰《ふかん》し、常に第三者的な視点から、

「進捗状況はどうか」

「今後もこの進め方で間違いないか」

「何か落ち度はないか」

「チームのメンバーのモチベーションは保てているか」

「他部署との連携はうまくいっているか」

と、考える時間を確保しなければなりません。


このように、仕事全体を俯瞰して見ることは、「仕事をシンプルにする力」を発揮し、できるリーダーになるために不可欠なのです。

たとえば、サッカーの試合のテレビ中継を思い浮かべてみてください。サッカーのテレビ中継では、ピッチ全体を見渡すアングルで映し出します。これこそ「俯瞰」です。ピッチの一部でボールの奪い合いがありますが、全体を見渡すと、次の攻撃で使えそうなスペースをつくるために、選手全員が連携して動きながら、試合を有利に進めようとしているのがわかります。

この「俯瞰」こそが、ビジネスでも大切なのです。

うまくいかないときは「基本に立ち返る」

斬新なアイデアを考える、新しいことを実行する、というのは大切なことですが、常にそれらを実現するのは難しいものです。「新しさ」にとらわれてしまうと、思考も止まりますし、行動を妨げる原因となり、スランプに陥ってしまいます。

そこで、スランプに陥りそうなときには、「基本に立ち返る」「基本以外のことはしない」という「引き算」の発想をしてみてください。

基本を極めることにのみ集中することが、仕事のクオリティを高めることにつながります。

新しいマーケティング理論や、仕事の効率を高めるテクニックなどはどんどん世に出てきます。しかし、小手先の新しいテクニックをどんどん取り入れれば成果が上がるかというと、そうでもありません。

たとえば、マクドナルドのカサノバ社長は、新しく安いセットメニューを打ち出すなど、いろいろと新しい手を使って評判や業績を回復させようとしています。

しかし、元をたどれば、業績が落ちたのは、ナゲットに消費期限切れの肉が使われていた問題が引き金です。私は、食品の安全性という基本に立ち返り、そこを徹底的に改善し、アピールするほうがいいのではないかと感じています。

カサノバ社長は、評判や業績をマーケティング手法で回復しようとしているのですが、これにどれだけの効果があるのでしょうか。いま、業績は多少上向いてきたようですが、小手先のテクニックを捨て、基本に忠実になるべきではないでしょうか。

バイオリニストの葉加瀬太郎氏は、「どうすればかっこよく見えるか」ということをコンサートで重視していたため、クラシカルなテクニックを大切にできていない時期があったそうです。

しかし、あるとき、基本に立ち返り、そこをもう一度磨き直そうと考え直しました。自宅のスタジオにこもり、バイオリン演奏のクラシカルなテクニックを磨きに磨いたのです。

この基本を極めることで生まれた曲が「Etupirka」で、非常に高い評価を受けました。

斬新さだけに目を向けていれば、自分を消耗させてしまいます。

基本に忠実に仕事を仕上げる、徹底して仕事の質を上げる。これは、リーダーの地位を得ると意外と忘れがちですが、仕事をシンプル化し、成果を出すための一番の方法なのです。

第2章

一流のリーダーの、「選択と集中」マネジメント

――「やること」「やらないこと」の見極め方

常に「全体最適」を考えよ

一流のリーダーは、常に「全体最適」を考えながら物事を判断し、優先順位を決めます。

一方、二流以下のリーダーは、知らず知らずのうちに「部分最適」の考え方で物事を判断し、優先順位を決めてしまうのです。

「部分最適」とは、個々の業務を最適化することです。一方、「全体最適」とは、仕事全体の効率や生産性を最適化することです。

自動車を製造する工場のラインで考えてみてください。そこにはボディを組み立てたり、タイヤを取りつけたりと、さまざまな工程があります。

では、生産性を五〇%上げるとして、ボディを組み立てる役割を担うところの生産性が、一五〇%の力を出せば全体の目標を達成できるかといえば、そうではありません。前後の工程に影響を受けるからです。前工程、中工程、後工程があるのですから、その工程全体を見て、ラインを動かさなければ、どこかの工程がストップしてしまうことになります。各工程の質やスピードを全体の生産性が上がるよう設定することによってすべてがいい流れになるのです。

なぜ〝ロス〟が出てしまうのか

チームの仕事も同じで、仕事全体がうまく流れるように、各業務を最適化させることが望ましいのです。これが「全体最適」であり、仕事をシンプルかつ合理的、効率的に進めるためのキモとなります。

ところが、「部分最適」で考えてしまい、業務A、業務B、業務Cと単体で最高をめざせばいいという発想をしてしまうと、仕事はうまく回りません。各業務に注ぐ力と業務スピードを調整していかないと、全体がうまく回らないのです。

部分最適で考えてしまうと、最高の効率を求めるはずが、さまざまなロスが出てしまうことになりかねません。このロスを出さないために、仕事の優先順位は、やはり全体最適を考えながら決めていくことです。

できるリーダーの「優先順位」の決め方

たとえば、リーダーの重要な仕事の一つである、「人を動かす」ということを全体最適で考えながら、優先順位をつけていくと次のようになります。

あなたのチームのあるプロジェクトは、Aさんがやっている仕事とBさんがやっている仕事、Cさんがやっている仕事で成り立っています。

ならば、A、B、Cという各担当者が最大の力を発揮するためにどうすればいいのかを考える必要があります。

たとえば、Aさんがプロジェクトの企画立案、Bさんが関係各所への働きかけ、Cさんが進行の管理を担っているとします。

すると、当然、まずはAさんに働きかけ、企画を具体化させることが大事です。

そうしなければ、いくらBさんが機転を利かせて、各所と関係を築いたとしても、その労力が無駄になる可能性があります。企画全体の方向性が変われば、関係する人々も変わってしまうからです。

また、Ｃさんが進行の予定を考えて提案したところで、企画全体の方向性が変われば進行も変わってしまいます。

つまり、リーダーとしてやるべきことで優先順位が高いのは、「Ａさんに企画を具体化するよう指示すること」となります。Ａさんに対しては、それ以外の指示を捨てる、あるいは後回しにすべきなのです。

このように、「全体最適」を考えることで、仕事の優先順位は変わってくるのです。リーダーは、常に全体最適で仕事を合理的に進めなければなりません。

「やらないことを先に決める」という発想法

リーダーというのは、当然ですが、多くの仕事を抱えています。

しかし、それでもなんとかこなし、結果を出さなければなりません。

そこで、「優先順位」とは逆の考え方をする必要がある場面も出てきます。すなわち「劣後順位」です。

仕事に「劣後順位」をつけて、あえて「やらないこと」を先に決める、という選択をすることが、自分やチームの仕事をシンプルにするためには重要になってくる場合があります。

では、「劣後順位」を決めるにはどうすればいいのでしょうか。

特別なテクニックを駆使する必要はなく、まずは、抱えている仕事をすべてノートに書き出し、その次に、その中で「やらなくていいもの」の順番を考えることです。そして、「劣後順位」の中で、やらなくても結果に大きな影響がないと思えるものを先延ばしにする、あるいは思いきってやめてしまうのです。

仕事では、先延ばししていいものや、あるいは、まったくやらなくていいものも事実、存在します。その仕事を見極めるためにはどうすればいいのでしょうか。

①「部下に振れる仕事」を見極める

リーダーは、仕事の量をなるべく減らすべきです。

なぜか。リーダーは、「人を動かす」というのがもっとも重要な仕事であるからです。

そのためには、リーダーには、常に仕事全体を眺める時間的、精神的「余裕」がなければなりません。先にも述べたように、リーダーは、部下と一緒になって目の前の仕事に忙殺されてはいけないのです。

自分がやらなくても、部下ができる仕事は捨てて（部下に振って）、なるべく減らしていくこと。リーダーと部下は、役割が違うのです。部下にもやれる仕事にリーダーが時間をかけすぎていては、チーム全体の動きを円滑にするという役割を果たせなくなります。

②「作業」をやめて「仕事」をする

できるリーダーとは、「作業」ではなく、「仕事」をする人です。

「作業」とは、会社で決められている、やらなければならない業務で、「誰がやっても同じ結果が出る仕事」です。

一方、「仕事」とは、自分にしかできないこと、自分だけがやるべきことです。そしてリーダーは、チーム全体の方針を決定し、目標達成のためにチームのメンバーを効率的、生産的に動かし、結果を出すのが使命（仕事）です。

「作業」は大切ではありますが、リーダーにとっては「仕事」のほうが大切です。目の前にあるのが「作業」か「仕事」かで迷ったら、必ず「作業」を捨てて、あるいは誰かに任せて、「仕事」を選択しなければなりません。

また、「劣後順位」を決めるためには、仕事全体の流れを把握しながら、「時間軸」も強くイメージすることです。

これは、いまやるべきことなのか、一週間後でもいいのか、一か月先でもいいのか、といった「時間の幅」をよく見極めることです。

一週間後や一か月先でもいいのであれば、その仕事は他の人に任せたり、場合によってはアウトソーシングしたりする、という選択肢も見えてきます。「時間の幅」をよく見極めることで、「やらなくてもいいこと」が見えてきます。

できるリーダーの「優先順位」

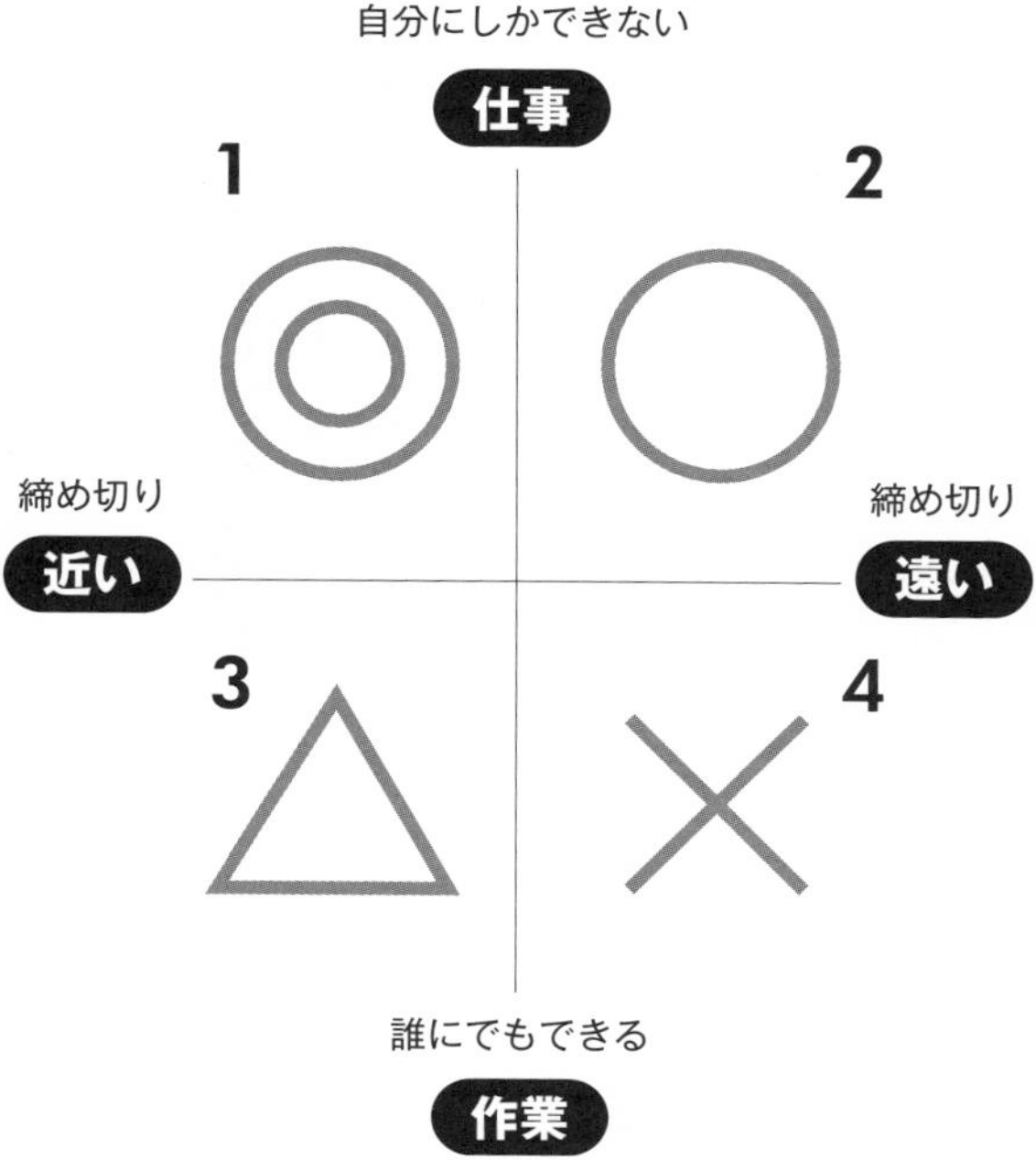

△と×は、できる限り部下に割り振る、あるいはアウトソーシングする

全体最適を考えて「重要度が低い」仕事は切り捨てて、「重要度が高い」仕事に労力も、時間も注ぐのです。

仕事の「緊急度」にだまされるな

さて、「リーダーは重要度が高い仕事に注力せよ」といいましたが、ここで注意したいのは、「緊急度の高い仕事」が、必ずしも「重要度の高い仕事」とは限らない、ということです。

わかりやすい例を挙げると、たとえば、出張の経費精算の作業などは、期限が決まっていて、締め切りが迫ってくれば「緊急度」は高いのですが、会社の売上などには直接影響する作業ではないので、「重要度」が高いとはいえません。

そのような、「緊急度が高くても重要度の低い仕事」ばかりしていたら、リーダーは時間を奪われるばかりで、「チームを円滑に動かして結果を出す」という目的を果たせません。緊急度が高いものに振り回されていると、重要度の高い仕事を見失ってしまうのです。

では、緊急度が高くても重要度の低い仕事にどう対処するか。

たとえば、先の経費精算などは、「前でさばいてしまう」ことです。こういう仕事を「後ろでさばこう」とすると、つまり残業をして片づけようとしても、仕事というのはどうしても押せ押せになるものなので、他の重要な仕事に圧迫されてしまい、なかなかうまくさばききれません。だから、「前業」をして、前でさばいてしまうのです。

「作業」で忙しいときは早く出社する。アドバイスとしては簡単ですが、これも間接的に、リーダーにとって必要な「仕事をシンプルにする力」を磨くことにつながっていきます。

迷ったら、より「簡単なほう」を選ぶ

仕事のプロセスにおいて、いくつかの選択肢がある場合、リーダーは、「シンプ

ルでわかりやすい」ほうを選ぶことです。複雑な選択肢はできるだけ捨てる、ということが重要です。

なぜか。理由は簡単で、「シンプルでわかりやすい」ほうを選択したほうが、当然、実行しやすいし、スピードも精度も上がるからです。

たとえば、営業目標を達成する道のりで、

「A君のルート営業をやめさせて、新規営業と、ネット広告で売上を上げる業務を担当させる」

という選択肢と、

「A君のルート営業をやめさせて、ネット広告で売上を上げる業務を担当させる」

という選択肢があったとすれば、後者を選ぶべきです。

前者を選べば、A君は、いままでやっていた業務をやめて、二つの業務を担当することになります。

これは、A君に負担をかけることになり、結果も出にくいうえ、それをフォローするリーダーの時間も労力も奪われることになります。

「八〇対二〇の法則」を生かす

仕事を「シンプル」にするための一つの方策として、「八〇対二〇の法則」を活用する手があります。

これは「パレートの法則」とも呼ばれるもので、イタリアの経済学者ヴィルフレッド・パレートが提唱した理論です。有名なので、知っている方も多いでしょう。

「上位二割の営業マンが、売上の八割を上げる」
「二割の売れ筋商品が、総売上の八割を稼ぎ出す」
「二割の上得意客が、総売上の八割をもたらしている」

……というように、二割の「原因」から八割の「結果」が生まれるということを示したものです。

もちろん、すべてが必ずしもぴったり八〇対二〇になるわけではありませんが、ようするに、「物事にはキモというものがある」ということです。仕事でも重要な二割のキモを見極めることが重要で、二割のキモを見極めれば、重要でない八割は捨てることができる、ということです。

仕事をシンプル化するために効果的なこのルール「八〇対二〇の法則」をぜひ、取り入れてみてください。

「人を動かすための時間」を取っているか

リーダーのスケジューリングには、部下とは異なる点があります。

それは、リーダーは「人を動かすための時間をつくらなければならない」ということです。これも、「八〇対二〇の法則」でいうところの二割に当たる、リーダーの仕事の重要なキモです。

人を動かすための時間とは、具体的にどういうものかというと、たとえば、「情報をチームのメンバーと共有するための時間」です。

リーダーのもとには、会社内外からさまざまな情報が入ってきます。その情報を

仕事の「キモ」を見極めよ

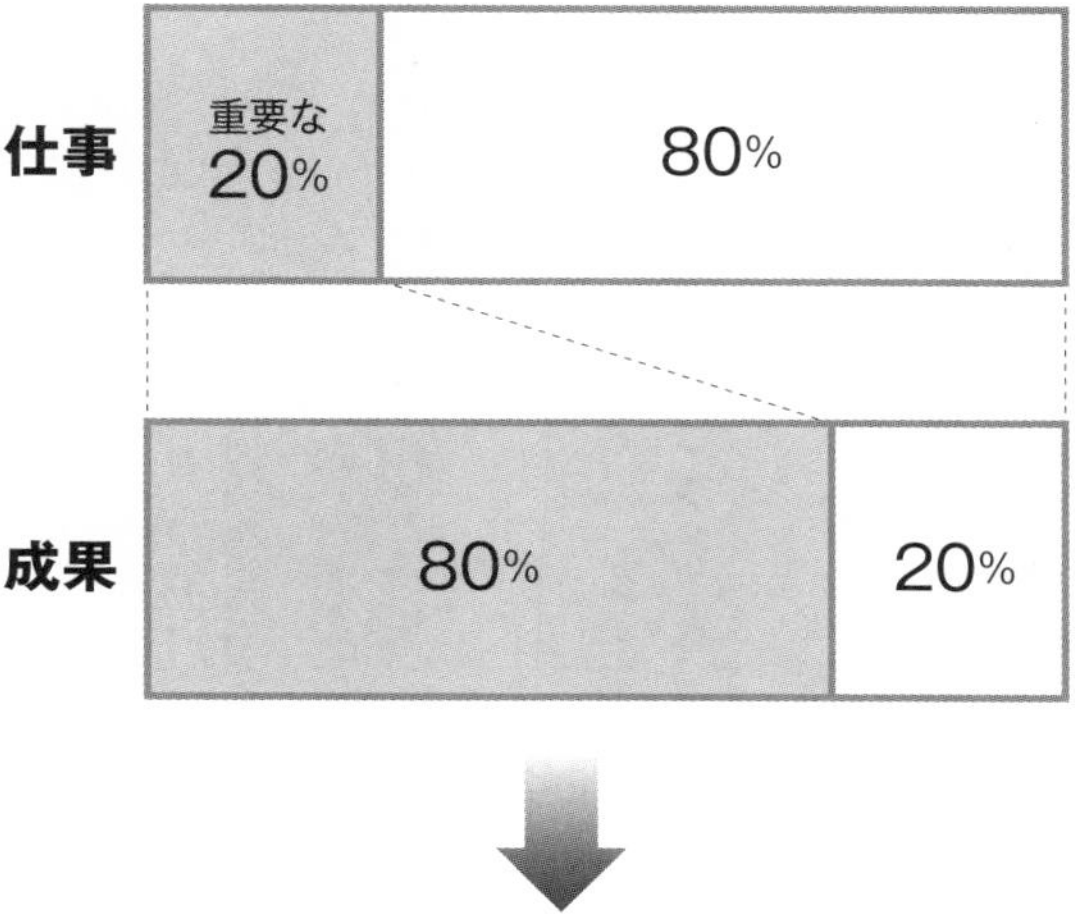

「上位２割の営業マンが、売上の８割を上げる」

「２割の売れ筋商品が、総売上の８割を稼ぎ出す」

「２割の上得意客が、総売上の８割をもたらしている」

「残業時間の８割は、２割の社員が占めている」

「PC では２割の機能で、８割の仕事をこなしている」

……etc.

もとに、仕事の方針を決めなければなりません。

入ってきた情報をメンバーに〝丸投げ〟するのではなく、まずは自分できっちりと整理・咀嚼《そしゃく》して、チームで「やるべきこと」「やるべきでないこと」を明確にして、それをメンバーに的確に伝えることが必要になります。

ですから、スケジュールの中に、得た情報を整理・咀嚼する時間を取らなければなりませんし、それをメンバーに伝え、共有するための時間も取らなければなりません。

「情報共有」は必ず全メンバーで行なう

さて、情報をメンバーと共有するときの注意点があります。

それは、「情報の共有はメンバーと個別に話し合って行なうのではなく、メンバー全員を集めて行なう」ということです。

なぜか。これを怠《おこた》ると、各メンバーが持っている情報認識にバラつきが出て、チーム全体の仕事が複雑化、非効率化し、うまく回らないからです。

チームのメンバーは、誰が何をやっているのか、誰とどう自分の仕事が関わっているのかということをそれぞれが明確につかんでいなければなりません。そうしないと、チーム内に不毛な議論や、不要な対立が起こることになります。

それを排除するためにも、メンバー全員に同じ情報を持たせることです。

チームの全員が同じ情報を持ち、同じ目的で仕事を進めれば、物事は必然的にシンプルになり、同じ結論（ゴール）に達することができるのです。

「プレイングマネジャー」になってはいけない

私は、「リーダーというのは、プレイングマネジャーであってはならない」と考えています。

プレイヤーとマネジャーの両方をこなす――。これは、仕事を複雑化させますし、仕事量も膨大になり、精神的にも、肉体的にも大きな負担となります。「とても務まらない……」というプレイングマネジャーの悲鳴をよく聞きますが、実際にそうだと思います。

プレイヤーとマネジャーの両方をやろうとすると、ほとんどの場合、プレイヤーとしての仕事を優先してしまいます。

なぜなら、自分のプレイヤーとしての仕事で成果を出さなければ、マネジャーとして部下に示しがつかないと考えるからです。ここにプレイングマネジャーの悩みが集約されています。

しかし、プレイヤーとマネジャーは、やるべきことが明らかに違います。その両方の役割をこなすのは、無理なのです。立場が違えば考えも違いますし、役割が違えば行動も違うからです。

「自分でやる」から「人を動かす」働き方へ

とはいえ、「プレイングマネジャー」というのは、自分で選択したのではなく、会社から与えられた立場なので、なんとかこなす以外に道はないのでしょう。

そのためにはどうするか。

プレイヤーとしての仕事をできるだけ減らし、マネジャーとしての仕事に比重を置いていく方向にシフトチェンジすべきだと考えます。

ハーバード大学のコッター教授は、「マネジメントの本質は、組織をコントロールすることである」と述べています。

リーダーとして評価されたいのなら、あなたはプレイヤーとしての仕事を減らし、組織のメンバーをコントロールすることに力点を置くべきです。

もし、会社から「プレイングマネジャー」の役割を与えられていたとしても、リーダーの地位にあるのなら、評価されるのはマネジメントの成果である、ということを強く認識すべきです。

実際、マネジャーの中には、自分一人で仕事を進める力に長けている人が多いものです。メンバーに任せず、全部自分でやったほうが仕事は早いですし、質も高いのです。

しかし、これはプレイヤー思考であり、できるリーダーになりたいのなら、この考え方は捨てなければなりません。プレイヤーのときは、自分さえ結果を出していればいいのですが、リーダーになるとチームで成果を出さなければ評価されないと肝に銘じてください。

なんでも自分でやってしまえば、当然、膨大な量の仕事を抱えることになりますし、メンバーも育ちません。

メンバーが育たない限り、チーム全体の能力は高まりません。すると、あなたはいつまでたっても、プレイヤーとして結果を出しながら、マネジメントでも結果を出さなければならないので、いつか必ず挫折してしまうことになります。

トヨタの「健全なる危機感」とは?

トヨタでは、よく「健全なる危機感」という言葉が使われています。世間一般でも、似たような意味合いで、「現状維持は退歩である」という言葉が使われます。

会社の業績が好調なときには、人はこれを維持しようという意識が強く働きます。しかし、リーダーは、ビジネスでは状況がどんどん変わっていくということを忘れてはいけません。

これまでうまくいっていたことが、いきなり不調に陥ったり、通用しなくなったりすることはよくあるのです。

たとえば、シャープの液晶事業はその代表例でしょう。亀山ブランドで一世を風《ふう》靡《び》しましたが、そのあとは外資系の企業に敗北を重ね、大幅な赤字を計上することになりました。

リーダーは一時的にいまの状況がいいからといって、それに安住してはいけません。「健全なる危機感」を持ち、「現状維持は退歩である」ということを肝に銘じておかなければならないのです。

「いまはいいけど、今後はどうだろう?」

このシンプルな自問自答を繰り返す習慣を持ってください。

危機に陥ってから何か対策を打っても、なかなか効果は出ません。危機感を持った段階で挑戦を始めることで、現状をさらによりよいものにできますし、現実に危機に陥ったとしても、うまく対応することができるのです。

会社の調子がいいときほど、多くのリーダーが思考停止になり、なんとなく流されながら仕事を進めています。自分の頭で考えるという、ビジネスパーソンとしての基本が抜け落ちているのです。

誰も未来を確実に予測することはできませんし、天才でもない限り、いまの方針が絶対に正しいのかどうかはわかりません。

しかし、「健全なる危機感」を持つことが習慣化されていれば、「これは何かおかしいぞ」と気づけるものです。

「現状不満足」がリーダー力を磨く

できるリーダーは、「あれ?」「おや?」という、直感を大事にしています。

組織が調子を落とすときには、「不自然さ」が表に出てきます。ビジネスの大原則として、不自然な部分があれば、それは近い将来問題になると考えておいて間違いないでしょう。

いつまでも同じやり方を続けて、ずっと右肩上がりで成長する会社はこの世にありません。どんなに調子のいい会社でもつまずくものです。

「あれ？」「おや？」という直感を大事にしてください。直感とは根拠のないものではありません。いままでの知識、経験のすべてに頭が検索をかけ、その場に最適な選択肢をシンプルに導き出してくれているのです。

かつて私は会社員として花王に勤めていましたが、そこで、「現状不満足」という言葉を上司から教えてもらいました。これは言葉のとおり、結果がよかったとしても満足するな、次の目標に立ち向かえという意味です。

「いまはいいけど、先のことは誰にもわからない」。一寸先は闇だということを、常に頭の隅に置き、「健全なる危機感」を持つリーダーこそ優秀なリーダーです。

「あれ？」「おや？」と思うことがあったら、一度その原因をしっかりと突き詰め、打つ手を考えておく。いい状況のときこそ、リーダーとしてどうあるべきかを考えておく。部下にどのような指示をするべきかを考えておく。

それができるリーダーは、職務を全うできますし、人もついてくるのです。

「信頼」という武器を磨く

リーダーは、「信頼」されなければなりません。部下と「信頼関係」を結ぶ必要があります。

「信頼関係」があれば、部下は「この人のいうことは聞いておこう」と、自然と指示・命令を受け入れることができ、ひいては、「この人のために何かできないか」と自発的に動いてくれるようになります。

リーダーにとって、「信頼」を築けるように自分を磨き、部下に対する影響力を強化することは必要不可欠です。

「信用」と「信頼」という言葉は、同じような意味で使われることがよくありますが、じつは大きく異なります。

株取引に「信用取引」という言葉があります。この場合は、取引には担保を必要とします。つまり、契約が履行されない場合の補償、補塡《ほてん》を求めるということです。「信用」とは、全面的に信じているわけではないのです。

一方、「信頼」はこのような「補償」を必要としません。信頼は、無償なのです。当然、信用されることよりも、信頼されることのほうが強力であるということになります。

常に「有言実行」でいけ

信頼を得るためにリーダーは何をすればいいのか。

答えはシンプルです。

「有言実行」です。そのためにも、自分が「できないこと」「やれないこと」は約束しないことが重要です。

ところで「コミットメント」という言葉がありますが、これは、日産自動車の再建に乗り込んできたカルロス・ゴーン氏が盛んに使ったことで有名になりました。

この言葉は、「約束を守る」というように訳されることも多いのですが、本来のニュアンスは、そんな生易しいものではありません。「死ぬ気でやり抜く」「何がなんでも実現する」という強烈なものなのです。

リーダーの言葉は重いのです。一度「やる」といった約束を破ったら、それ相応の責任を取らなければならない立場なのです。

だから、「できないこと」「やれないこと」は約束しない。そして、「やる」と決めたら何がなんでもやり抜く。リーダーが信頼を勝ち得るためにやるべきことは、いたってシンプルなのです。

「理論」や「数字」で部下は動かせない

リーダーには、「伝える力」が不可欠です。話を部下にわかりやすくシンプルに伝えることができなければ、チームを効率的、生産的に動かせないからです。

では、どうすれば、うまく伝えることができるのでしょうか。

私が、研修などでよくお伝えするのは、

「会社の言葉を捨てて、自分の言葉で話しなさい」

ということです。

「会社の言葉」をそのまま部下に伝えるのは、二流以下のリーダーがやることです。

なぜなら、会社の言葉というのは、ほとんどが無味乾燥な「数字」や「理論」だからです。それをそのまま下に伝えるだけでは、部下は動かせないのです。

一流のリーダーは、「自分の言葉」で話します。会社の言葉を咀嚼して、自分の言葉に置き換えて、チームのメンバーにわかりやすく伝えます。

たとえば私が中小企業を訪ねると、経営者のデスクの後ろによく「顧客第一」と理念が掲げられていることがあります。

ただし、「顧客第一」というのは社長の言葉です。社長はこの言葉を使って、会社の存在意義を伝えようとしています。

しかし、一般社員からすれば「顧客第一とは、具体的にいうと、どういうこと?」と、イメージがしにくく、行動につながりません。リーダーがやるべきことは、その意味を自分なりにしっかりとらえ、それを部下に伝えていくことです。

たとえば、社長が掲げる「顧客第一」は、部長にしてみれば「顧客のニーズを十分に調べて、新商品の開発をしよう、目標の売上を達成しよう」ということになります。

その下の課長であれば、「商品開発されたものを、どのように売り、お客様に満足してもらうかを考え、課で売上目標三〇〇〇万円を達成する」といった具合になるのです。

では、一般社員に伝えるときにはどうなるかというと、「お客様の望んでいる新商品を開発して、その商品が確実にお客様の手元に届くように、得意先を中心に商談に入り、一人五〇〇万円の売上を上げよう」のようになります。

つまり、リーダーは自分より下の階層の人が、具体的に行動をイメージできるように、会社の方針を噛み砕いて、わかりやすく伝えなければならないのです。

会社の方針を咀嚼して、部下が「自分事」としてとらえられるよう、シンプルにわかりやすく話す、ということが重要なのです。

リーダーのための「失敗学」

仕事には「失敗」がつきものです。失敗をしないリーダーなどいません。

大切なのは、その失敗を「教訓」にできるかどうかです。

失敗について、セブン&アイの鈴木敏文氏は次のように述べています。

「新しいことに挑戦するのは、相当な努力が必要になります。リスクがあっても、常に昨日のやり方とは違うことに、挑戦し続けなければならないからです。結果として、失敗したとしても、本人および組織にとって、よい勉強になります。前向きな仕事として行なったことに対して、決して責めてはいけません。責任を負わせ、責めていたら、前向きの挑戦は生まれません。一度失敗をした人は、二度、三度と間違いをしなくなります。授業料という考え方ができます。仕事には積極的な姿勢が必要です。消極的な姿勢では、仕事にはならないのです」（『鈴木敏文 考える原

則』緒方知行編著／日本経済新聞出版社）

リーダーとして、「失敗」というものに対して、どういうマインドで向き合うべきか。ポイントは三つあります。

①くよくよしないこと

失敗の軽重にもよりますが、自分が犯した失敗をいつまでも引きずって、落ち込んだり、あるいは自暴自棄になったりするリーダーも少なくないのですが、そういうマインドは絶対に捨てるべきです。どんな一流のリーダーでも失敗をした経験を持っているものです。むしろ成功者は、失敗を糧にして日々成長しているのです。

②失敗を絶対に隠さないこと

失敗を「次に生かす」ためには、失敗を隠してはなりません。失敗をオープンにすることです。そのうえで、何が失敗の原因だったのかを明確にする。そうすることでしか、失敗は次に生かせません。

失敗の原因を究明していくときは、当事者以外の第三者を間に入れて、自分の「言い訳」を挟み込まないこと。言い訳は、物事をややこしくします。失敗を次に生かすためには、「言い訳」を捨てなければなりません。自分の責任は責任としてきちんと引き受けてこそ、次への糧になっていくのです。

③失敗から学んだことを周囲と共有すること

失敗の教訓を共有化することで、失敗を成功に変えるための意見やアイデアが集まってくるのです。

「このやり方ではなく、こういうやり方をするべきだった」
「顧客がこういうことを考えているとは知らなかった」
「こういう情報を集めてから次のステップに進めばよかった」

……など、失敗から学んだことを、個人だけで生かすのではなく、周囲と共有して、チーム力を高めるための知恵、ノウハウとして蓄積し、活用するのです。

あらゆる仕事を改善する「課題解決の技法」

ここから、私が提案する「課題解決の技法」をご紹介しましょう。

この「課題解決の技法」は、花王に勤めていたときに、私のチームが開発し、その後、私が独自の改良を重ねてきたものです。

このメソッドには、自分が「やるべきでないこと」を捨てて、「やるべきこと」を明確にする力——「仕事をシンプルにする力」を磨くためのヒントが詰まっています。

①自分（チーム）の課題を挙げる
②その課題の障害となる事象を挙げる
③事象を整理する
④真のテーマと最優先で取り組むことを設定する
⑤「WHY」を五回繰り返す

⑥解決策を考える
⑦具体的なアクションプランを決める

メソッドはこの七つのステップから成ります。それぞれのステップについて、具体的に解説していきましょう。

ステップ①自分（チーム）の課題を挙げる

課題を解決するには、当然、まず自分の「課題」を明確にする必要があります。ここで気をつけなければならないのは、前にも述べたように、会社の「問題」と自分の「課題」を混同しない、ということです。

たとえば、あなたが、営業部のリーダーだったとします。

あなたがやるべき仕事は、会社の戦略の中で、自分の営業チームが担えることを考え、実行することです。自分のチームが担えないことは捨てる。別のチームに任せる。そうすることで、はじめてリーダーは自分の課題を明確にできます。

では、会社の問題を自分の課題に落とし込んだ結果、たとえばそれが、「顧客との関係を強化し、その情報をチーム内で共有し、売上を倍増させる」ということになったとします。

それをどうクリアするかを考えるために、次のステップへと移ります。

ステップ②その課題の障害となる事象を挙げる

次に、「顧客との関係を強化し、その情報をチーム内で共有し、売上を倍増させる」という課題の障害となる事象を挙げます。

この事象とは、「客観的な事実と現象」のことです。

たとえば、

・メンバーのA君は、テレアポで成果を出せていない
・メンバーのB君は、チーム内でコミュニケーションをうまく取れていない
・メンバーのC君は、報告・連絡をマメにできていない
・メンバーのD君は、まだ新人で、商品に関する知識が足りていない

・メンバーのE君は、お客様へのアフターフォローをおろそかにしている

……などです。ここで大事なのは、事象を「客観的に」挙げていくこと。客観的なデータ以外は拾わない。それが重要です。

できないリーダーは客観的になれずに思い込みで事象を挙げてしまうものです。そういった、ロジカルではない事象を挙げてしまうと、本当にやるべきことが発見できません。

たとえば、右の事例でいえば、できないリーダーが事象を挙げると、次のようになります。

・メンバーのA君は、テレアポで成果を出せていない
↓A君はテレアポを避けて仕事をサボっている
・メンバーのB君は、チーム内でコミュニケーションをうまく取れていない
↓B君はコミュニケーションを取る努力を怠っている

こういった思い込みを先行させて事象を挙げてしまうと、真のやるべきことを発見できません。A君はテレアポの件数自体はこなしているけれど結果が出ていない

のかもしれませんし、B君はリーダーの見ていないところではメンバーときちんとコミュニケーションを取っているかもしれないのです。

思い込みで事象を挙げてしまうと、「個人を攻撃する」ことに目が向いてしまいます。それは避けなければなりません。

「これは自分の思い込みではないか？」「自分の感情だけで判断していないか？」と自問しながら、客観的なものだけを慎重に挙げていくこと。そうすることで、根本的な課題解決への道が開けるのです。

ステップ③事象を整理する

事象を出しきったら、似ている事象をまとめて「グルーピング」をします。事象をすべて挙げて、それからグルーピングすることを、ロジカルシンキングでは「拡散と収束」といいます。

「拡散」と「収束」は、同時に行なってはいけません。「事象を挙げる」ことにブレーキがかかってしまうからです。まず、「拡散」で考えつく限りの事象を出しきってから、「収束」であるグルーピングを行ないましょう。この順番を守ることが大切です。

たとえば、先ほどの、

・B君は、チーム内でコミュニケーションをうまく取れていない

・C君は、報告・連絡をマメにできていない

というのは、「チーム内の意思疎通が円滑でない」という事象として、グルーピングすることができます。

ここでも大事なのが、やはり、客観的にグルーピングを行なうことです。客観的にグルーピングを行なうためには、「思い込み」や単なる「希望」を捨て、そのうえでグルーピングを行なうことです。「思い込み」や単なる「希望」でグルーピングをすれば、「事実」に反することを行なうことになります。

グルーピングをしたら、次に、「顧客との関係を強化し、その情報をチーム内で共有し、売上を倍増させる」ための課題解決を阻むであろう直接的な原因と考えられる事象にチェックを入れます。そして、一番チェックを入れた事象の数が多いグ

ループを確認します。

ステップ④真のテーマと最優先で取り組むことを設定する

一番チェックを入れた事象の数が多かったグループが「チーム内の意思疎通が円滑でない」であった場合、それが「真のテーマ」です。

さらに、「真のテーマ」の中から最優先で取り組む事象を探します。

たとえばそれが、「チームメンバーのＢ君はチーム内でコミュニケーションをうまく取れていない」だったら、その原因を見つけることが、最優先で取り組むべきことです。

ステップ⑤「ＷＨＹ」を五回繰り返す

次に、その最優先で取り組むことに対して、「ＷＨＹ」を最低五回、繰り返します。

なぜ、なぜ、なぜ……と繰り返し、なぜ、「チームメンバーのＢ君はチーム内でコミュニケーションをうまく取れていない」のか、その原因を深掘りしていくのです。

たとえば、次のような段階を踏んでいきます。

【一回目のＷＨＹの答え】「Ｂ君は仕事量が多く、いつも忙殺されているから」

【二回目のＷＨＹの答え】「Ｂ君だけでなく全員がオーバーワーク気味だから」

【三回目のＷＨＹの答え】「やらなくていいことにみんな時間を取られているから」

【四回目のＷＨＹの答え】「事務的な作業が多すぎるから」

【五回目のＷＨＹの答え】「特に経理関係の書類仕事が多すぎるから」

……と、意外なところに、その原因があることが、浮かび上がりました。

この「ＷＨＹ」を繰り返すことによるメリットは、「主観」を捨てられること。物事の本質を見極められることです。

ステップ⑥解決策を考える

五回の「ＷＨＹ」を繰り返し、最後に出てきたのは、「経理関係の書類仕事が多すぎるから」

でした。

これこそが、「顧客との関係を強化し、その情報をチーム内で共有し、売上を倍増させる」という課題をクリアするためにまず解決すべきことです。

ステップ⑥では、その解決策を三つ、考え出してください。

たとえば、

「提出する書類の数を減らす方法を考える」
「ペーパーレスの仕組みを考える」
「他部署のリーダーと連携して、ペーパーレスの実行を経理に働きかける」

といったことが思い浮かぶのではないでしょうか。

ステップ⑦具体的なアクションプランを決める

解決策が出来上がったからといって、安心してはいけません。これだけでは、具体的な行動に移すことができないからです。

そこで、挙げた三つの解決策から「アクションプラン」を作成します。

「アクションプラン」をつくるポイントは、解決策に「期限」をつけることと、実行しやすいシンプルな形にすることです。

たとえば、

「他部署のリーダーと連携を取り、二か月以内に、総務部に提出する書類の数を減らす方法やペーパーレスの仕組みを合同で提案する」

という具合です。

とにかく、アクションプランは「行動」や「連携」が伴うものにすることが大事です。

売上アップのためならば、「自社商品を何度も購入してくれているリピーターに集中して営業活動をする」と考えたとします。

その場合、うまく成果を上げるためにはどうすればいいのか、具体的な行動に結びつく「アクションプラン」を考えます。

たとえば、「商品を購入してもらうために、価格を一〇%下げて、接触回数をいままでの一・五倍にして販売する」というプランを考え、部下に役割を与え実行させます。
「アクションプラン」をより明確に、具体的にする——これを徹底することで、リーダーとして、さらに一段高いステージに立つことができます。

◇

この「課題解決の技法」ですが、ご説明した七つのステップを、しっかりと踏んでください。大原則は、一つひとつのステップを順に踏んでいくことなのです。省いていいものはありません。

また、課題解決のステップを踏むときは、「場所」を工夫してみてください。会議室にこもってもいいですし、カフェでゆっくりと、じっくりと考えるのもいいでしょう。

私は、休日に自宅で考えるようにしていました。とにかく、リラックスして考えられる状況をつくり出すことが、非常に大切なのです。そうでないと、どうしても主観や感情を捨てることができず、客観的に、第三者的に考えることが難しいからです。

「課題解決」のための７つのステップ

①自分（チーム）の課題を挙げる

②その課題の障害となる事象を挙げる

③事象を整理する

④真のテーマと最優先で取り組むことを設定する

⑤「WHY」を５回繰り返す

⑥解決策を考える

⑦具体的なアクションプランを決める

より客観的に、より合理的に
「やるべきこと」を見極める

この「課題解決の技法」が身につけば、リーダーとしての仕事は間違いなくレベルアップします。ロジカルに物事を考え、「仕事をシンプルにする力」をより一層磨くことができるでしょう。

「課題意識」がリーダーを変える！

よく、「リーダーは問題意識を持つことが大切だ」などといわれますが、それは問題意識がなければ仕事を改善、改革することができないからです。

しかし、私は、「問題意識」からさらに進んで、「課題意識」を持つことが大切だ、と考えます。

ここまで何度も述べてきましたが、「問題」とは、あるべき姿と現状の差が出現したときに起こるもの。言い換えると、目標と現実の間にギャップが生まれているときに起こるもので、一方、「課題」とは、その問題に対して「自分が何をしなければならないのか？」「自分はどう解決しなければならないのか？」ということをシンプルに特定化することです。

会社の「問題」を自分事、チーム事に落とし込んで「課題」に変えて、その解決を図る——それがリーダーの「仕事をシンプルにする力」の基本だ、ということは、これまで述べたとおりです。

「課題意識」とは、まさに、問題を「自分の課題としてとらえる意識」です。漠然とした問題意識を持つことではありません。

このような意識を醸成することが、できるリーダーになるには必要不可欠です。ただ「頑張る！」「結果を出す！」という精神論、根性論では、結果は出ないのです。

単なる「問題意識」から発展した、この「課題意識」を持つことで、リーダーならばマネジメント上の問題を具体的な課題として示し、チームのメンバーと一緒に「やるべきこと」「やるべきでないこと」を考え、解決していくことができます。また、一般の社員ならば日々の仕事における問題を自分の課題としてとらえ、実績を上げることが可能となります。

第3章

できるリーダーは、「この方法」で人を動かす

——部下マネジメントに小難しい理論はいらない

人は「合理的に」動かせ

リーダーの役割は、チームのメンバーを動かし、結果を出すことですが、多くのリーダーが、なかなかうまく人を動かすことができないという問題を抱えています。リーダーの地位を得た人は、権限があるため、自分の「私情」で人を動かそうとしてしまいがちです。

しかし、リーダーというのは、会社に「滅私奉公」をしなければならないのです。これは、「自分を捨てろ」という意味ではありません。「私情」を捨てて、「チームにとって正しいこと」を優先しなさい、ということです。

これまで何度か述べたように、リーダーというのは、常に会社全体の成長・成功に寄与する存在でなければなりません。これは人の上に立つ人の原理原則なのです。「私情」を捨て去り、そのうえで、部下の性格や特性をよく見極め、自分の意図する方向に、部下が自発的に動くようにアプローチする――それが、一流のリーダーなのです。

人を動かすのは容易ではありません。人を動かすためには、相手のことを観察し、どんな性格なのか、どんな特性があるのかを正確に見極める力が必要です。そのうえでコミュニケーションを取っていく必要があります。

いうまでもなく、人の性格や考え方は十人十色。自分の「感覚」だけでとらえるのではなく、「この人は、どのような人なのか？　どういうアプローチが効果的なのか？」という、第三者的、客観的な視点を持たなければなりません。

この章では、自分の「主観」や「思い込み」を捨てて、より客観的な視点から「人を動かす」方法について、お話ししていきます。実践しやすいシンプルな方法を厳選しましたので、ぜひ活用してみてください。

「五つのタイプ別」シンプルな部下指導法

アルフレッド・アドラーは、人生には、次の三つの課題があるといっています。

「仕事の課題」「交友の課題」「愛の課題」

この三つの課題に共通することは、すべて「人間関係」に関連するということです。そして、人間関係は、その距離が近くなればなるほどこじれ、複雑化し、解決は困難になることが多いものです。

人間関係は、年齢、性別、性格、価値観、環境……など、多くの要素がミックスされて、出来上がっています。普段あまり意識しないかもしれませんが、特に仕事の人間関係は、とても複雑な要素が絡み合っているのです。

人のタイプを分ける方法には、さまざまなアプローチがありますが、あまり細分化しすぎても混乱するだけなので、私は、特に仕事に関連しては、いつもシンプルに、次の五つのタイプに分けます。

批判的な人

会話をしていると、いつも否定的な意見をいう人がいます。こういう人は、批判的なタイプだといえます。

このタイプは、職場で何か起きたときや、あるいは新聞やテレビなどのニュースで何か不祥事やスキャンダルの報道がされたときなどに、「これはひどい。おかしい。間違っている！」と批判するような人です。

裏を返せば、正義感に満ちた人だといえ、このタイプの人を自発的に動かすには、話をよく聞いてあげることです。常に持論を展開したいタイプなので、それに対して、頭ごなしに否定したりする指導法はやめること。話の腰を折ったりせず、まずは話を徹底的に聞く姿勢を見せるのが効果的です。

このタイプの部下が、たとえば、部の営業方針について何か否定的、批判的なことをいってきたとします。

そのときは、「君のいうことは、一理ある」とまず受け止めてあげること。そのうえで、「では、それを解決するには、君はどうすればいいと思うか、教えてくれないか？」と問えば、部下は自分なりの有効な手段を提示してくるでしょう。

このタイプの部下は、論理的で、エネルギーがあるので、「自分で決めたこと」は頑張って実行します。

協調的な人

いつも周囲に気を配っている人がいます。協調性の高いタイプで、他人に対して受容的で、親身になって人の世話をし、それに喜びを感じる人です。こういうタイプの人は、「困ったときはあの人が助けてくれる」と頼りにされることが多いのが特徴です。

しかし、こういうタイプの部下は、やさしいので、ガツガツと目標達成に向かっていくのを苦手とする傾向があります。自分を押し殺してしまうところがあるので、もっと自分を出すように指導することがポイントです。

ただし、その「協調性」や「やさしさ」を否定してはいけません。「君がいて、チームは本当に助かっている」「チームのみんなが君を頼りにしているよ」と、まず、その「協調性」や「やさしさ」をほめてあげることです。

そして、コミュニケーションを取る中で「君はどうしたい？」「君なりの意見をぜひ聞かせてくれないか？」といった問いかけをするのが有効です。

客観的な人

物事を見て、先行きを計算できる人、現実的な対応ができる人。つまり冷静なタイプの人がいます。

しかしそれだけに、このタイプの人は、時に冷たいイメージを周りに与えることもあります。

このタイプの人には、仕事ができる人が多いのですが、周りから見ると、やる気や情熱が感じられないときもあります。

こういうタイプの部下には、まず「君は冷静沈着で、仕事を安心して任せられる」と、その現実対応力を認め、信頼していることを伝えるべきです。「やる気を見せろ！」――こういう一言は、禁物です。

このタイプの部下は、慎重で、ミスが少ないので、基本的に仕事を任されればしっかりこなせますが、合理的に動きすぎる部分があり、他の人の感情や状況をうまくくみ取れないところがあります。

そういう一面が見えたときは、「A君の意見も聞いてやってくれないか」「この点だけは、B君の思いをくんでやってほしいんだ」といった指導をすることが重要です。

ムードメーカー

いつも明るく、朗らかで、天真爛漫なムードメーカー。このタイプの人は、人目を気にせず思うままに振る舞う傾向があります。感情的、本能的、自己中心的、積極的に動くことが多い一方で、創造性に優れているという特徴もあります。

明るく、遠慮がなく、怒ってもその感情を引きずらないので、周囲に楽しさや魅力を感じさせますが、それが度を越すと、自分にブレーキをかけられず、軽率な行動を取ることがあるので注意が必要です。

このタイプの人には、人を巻き込む力があり、優秀な人も多いのですが、どこかうわついた気分で仕事をしていることもあるので、仕事の抜け・漏れが多く、また、見当外れの方向に仕事を進めてしまう傾向があります。

このタイプの部下には、「いつも元気がいいね。いいムードをつくってくれてありがとう」と感謝の気持ちを適宜伝えることが大切です。そのうえで、仕事の抜け・漏れをなくすよう、また、見当外れの方向に仕事を進めてしまわないよう、確認作業をこまめにすることが肝要です。

自己抑制が強い人

自己抑制が強い人というのは、子供が親の顔色をうかがうように、常に自分の気持ちを抑えて、相手の期待に応えようとする傾向があります。

その結果、嫌なことも嫌といえず、強いストレスを抱え込みがちです。

しかし、人に考え方や行動を合わせられるので、上にいわれたことを素直に、確実に完遂するというい特徴もあります。

ただし、このタイプの人は、ある日突然、自分の中に蓄積していたフラストレーションを爆発させ、周囲の人を驚かすことがあります。

いつも懸命に人に合わせようとするので、自分の気持ちを抑圧することが多く、常に心の中に不満を抱えている可能性が高いのです。

このタイプの部下には、少しずつ気持ちを発散させてあげることが大事。何気ない話を聞いてあげるだけでガス抜きすることができます。部下は「自分のために時間を割いてくれた。自分にも配慮してくれているんだな」と知るだけでも、感情をコントロールすることができるのです。

「大丈夫か?」「問題はないか?」「何かあったか?」と、何気ない一言を意識的にかけてあげるよう心がけましょう。

◇

ただし、これら五つの傾向は、誰もがすべての要素をある程度持っていて、完全なものではありません。ケースによって、強く出てくる要素が変わってくることもあります。人の性格というのは複雑なものです。

しかし、先にも述べたように、細分化しすぎてしまうのはあまり現実的ではないので、まずはシンプルに、この五つのタイプのうち、基本的に相手がどのタイプなのかを観察してみてください。あとはケースバイケースでアプローチを変えることで、驚くほど人を動かす力が磨かれます。

これだけは知っておくべき、5つのタイプ

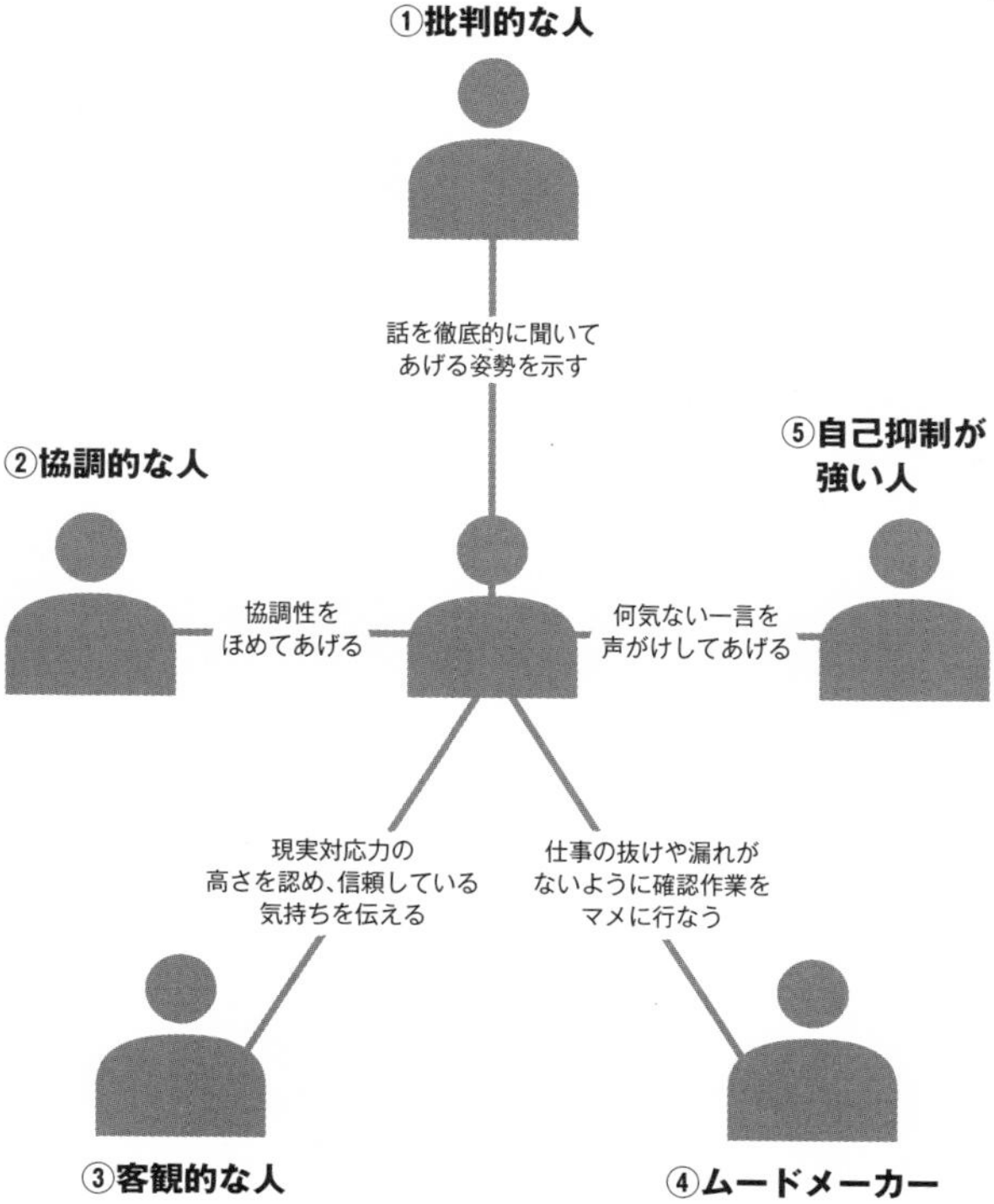
①批判的な人
話を徹底的に聞いて
あげる姿勢を示す
②協調的な人
協調性を
ほめてあげる
⑤自己抑制が
強い人
何気ない一言を
声がけしてあげる
現実対応力の
高さを認め、信頼している
気持ちを伝える
仕事の抜けや漏れが
ないように確認作業を
マメに行なう
③客観的な人
④ムードメーカー

部下に「レッテル」を貼ってはいけない

リーダーは、誰にでも同じように接していては、人を動かすことはできないとお話ししました。前項で紹介したような、相手のタイプを見極めながら、それぞれに有効なアプローチ法を考えていかなければなりません。

そこで大事になってくるのが、「人を観察する力」です。すなわち、コミュニケーションを円滑にするために、「人を観察する力」を磨くことが必要なのです。

できるリーダーになろうと思うなら、部下がどのような「パターン」でものを考えたり、行動したりするのかをよく観察しなければなりません。

多くのリーダーが、その力を身につけていないので、ひとりよがりのコミュニケーションを行なってしまいます。

もっともいけないのは、自分の主観や感情、あるいは人の噂や一方的な評価で「こういう人間だ」と決めつけてしまうこと。レッテルを貼ってしまうこと。これは、人間関係をこじらせます。

そういうひとりよがりの「評価基準」を捨てることができるかどうか――これは、できるリーダーと、できないリーダーを分ける分岐点なのです。

たとえば、少々のんびりした性格の若い部下に対して「あいつは、ゆとり世代だからダメなんだ」と決めつける。

人は、自分が理解できない人に対しては不安を感じてしまうものです。そして、「わからない」という状態がつらいため、わからないものをわかるものに変えるためにレッテルを貼るのです。

人にレッテルを貼ってしまうと、本来のその人とは違う人格を認識してしまうので、コミュニケーションがうまくいきません。

リーダーは、それではいけません。どんな部下でも、なんらかの能力を持っています。リーダーは、部下の能力を引き出してはじめて、大きな成果を上げることができるのです。

「会議」は部下を見極める絶好の場

レッテル貼りをしていることに気づくためには、「自分を疑う」必要があります。「なぜ、私は彼女の行動に不安を感じるのだろうか？」「なぜ、私は彼の発言を認められないのだろうか？」……と冷静になって考えることです。

考えたことを書き出して、じっくり検証するのもいいでしょう。これは重要なことで、優れたリーダーになるためにも、そういうことをじっくり考える時間をぜひ取っていただきたいものです。

レッテル貼りは、職場に不快感を撒き散らし、人間関係を複雑化させ、効率性、生産性を低下させます。

優秀なリーダーはこのことを熟知しています。

大事なのは、自分の目でもって部下を観察することが重要であるという意識を強く持つことです。

そして、自分なりのシンプルな「部下観察ポイント」を持つこと。たとえば、「仕事の進め方」「会議中の発言」「チームメンバーとの会話の内容」「電話での対応」など、自分なりに注目するポイントを持つのです。

私は特に、会議中の発言や態度を観察することで、人間のタイプを見極めるようにしています。

慎重な性格で、終始黙って聞いている人。発言の頻度は必ずしも多くないけれど重要な発言をする人。頻繁に質問をする人。人の考え方を聞かずに自分の考え方で先走ってしまう人。上の空の人……。

会議で人間観察をすれば、その人の性格や考え方がよく見えてきます。会議は、人のタイプを見定める絶好の場です。

部下の心を察知する簡単トレーニング

私は、「人間観察力を磨く」というテーマで講演するときに、よくお話しすることがあります。「スネ夫君の悩み」というお話です。

スネ夫君とは、『ドラえもん』に出てくる、ジャイアンと一緒にのび太君をいじめる、あのスネ夫君です。

スネ夫君は、ずるがしこくて憎まれ役の代表格ですが、なぜ彼は、のび太君をいじめるのでしょうか？　ちょっと想像してみてください。

なぜ、ジャイアンやドラえもんでないのか。それは、スネ夫君が、ジャイアンやドラえもんのように、わかりやすいタイプではなく、ちょっと複雑な性格のキャラクターだからです。その心の内を想像してみることがいい訓練になるのです。

もしかしたら、スネ夫君はいつも教育ママから勉強を強いられて嫌な思いをして、ストレスがたまっているのかもしれない。お金持ちでなんでも買ってもらえるけれど、両親はスネ夫君に過剰な期待感を持っており、いつもそのことでスネ夫君は窮屈な思いをしているのかもしれない……。

なんでもよいので、できる限り挙げてみてください。

すると不思議なことに、彼の心の中がなんとなく見えてきます。家ではよい子

（自己抑制が強い人）でいなければならずフラストレーションがたまっているのではないか。のびのびと楽しそうにドラえもんと遊んでいるのび太君は、彼にとってうらやましい存在なのではないか……などと想像できます。

このように想像、推察することは他人の心の状態をつかむ訓練になるのです。ちょっとしたお遊び程度に考えて、ぜひ気軽にやってみてください。

小難しいマネジメント理論は不要

同じように、人の外面から内面を想像することは、相手を観察するトレーニングになります。

たとえば、「チームのメンバーのA君は、今日は顔色が優れない、どうしたのか」「B君は今日、元気だな、何かいいことがあったのかな」……というように想像、推察してみるのです。

そして、A君には、「何か問題は起きていない？」と一言かけたり、B君にはこのタイミングで少し難しい仕事にチャレンジさせたりする。

大げさに考えなくても、気軽に観察力を磨くことは可能なのです。

私はリーダー向けの研修などで、

「部下とのコミュニケーションや、部下のマネジメントに関して、小難しい理論やノウハウなんて必要ありません。そんなものは捨ててください」

といいます。

心理学やコーチングなどの小難しい本を読む前に、もっとシンプルに、部下のちょっとした顔色や表情などをよく観察する、といった努力や工夫をすべきです。そして、あなたなりの部下観察法を確立していきましょう。

特定の部下に対する苦手意識を捨てる

チーム全体の動きを円滑にしなければならないリーダーは、誰とでもいいコミュニケーションを取らなければなりません。

私はリーダー向けの研修で、

「特定の人間に対する苦手意識を捨ててください」

といいます。

なぜなら、それは明らかなデメリットだからです。

人は、苦手意識がある相手から遠ざかろうとします。嫌な思いをしたくないため、相手を避けるようになるからです。そうなると、ますます関係が悪くなります。

特にそれが同じチームの部下であれば、そのままにはしておけません。関係修復が絶対に必要です。

この部下に対して苦手意識があるのはなぜか、この部下への感情はどこから来ているのだろうか、ということをよく考え、原因を解明することです。

リーダーは、「チームを動かす」ことを、何より優先させなければなりません。それを阻害するものは何がなんでも取り除かなければなりません。

原因が部下にあると思われても、冷静になることです。そうでなければ、人間関係改善の糸口は見つけられません。コミュニケーションの向上が期待できる方策を探すのです。

部下との関係改善は、「常にリーダーから」

部下が誰であろうと、どんな部下であろうと、人間関係を良好にするには、「常に」リーダーから働きかける。

それが鉄則です。

相手を変えようとしても、なかなかそうはいきません。まず自分の考え方を変える。そのほうがよっぽどシンプルかつ合理的です。

誰にでも苦手な人はいます。リーダーとて例外ではありません。できれば、苦手な人とは関わりたくない。それが本音でしょう。

しかし、繰り返しますが、リーダーは、「チームを動かす」ことを、何より優先させなければなりません。

まず自分が苦手とする人の嫌な点をすべて挙げてみてください。人に見せるものではないので、正直に紙に書き出してみてください。

その書き出した嫌な点について、どうしてその点を嫌だと思うようになったのか、その原因となった出来事も書き出して冷静に向き合ってみると、

「A君が私の思うとおりの行動をしてくれないのは、私に反発しているのではなく、過去に同じような案件で失敗した経験があったからではないか。それがトラウマになって自信がないだけではないのか。では、そのトラウマを消すような働きかけをしてみよう」

などといった具合に、自分の気持ちに少しずつ変化が起こってきます。

部下との距離を縮める一番シンプルな方法

主観や私情を捨てて、まっさらな状態で考える環境をつくり出し、部下のことを考えてみてください。

すると、苦手な部下ともいい人間関係をつくる糸口が見えてきます。

そして、考えたら、思いきって行動に出ましょう。まずは、自分からアプローチすることです。どんな反応が返ってきたとしても、「接触頻度」を増やすことで、雪解けは起こり始めます。

「単純接触効果」というものがあります。これは「ザイアンスの法則」とも呼ばれる心理学用語で、「人間関係の親密さは、接触回数、接触頻度が多ければ多いほど増大する」ことをいいます。つまり、

「顔を合わせたり、話したりする回数、頻度が増えるほど、お互いに対する好感度が高まる」

という、きわめてシンプルな法則です。

自分は悪くない、なんでこっちから働きかけなければいけないんだ、といっていては、何も改善しません。

そういう器の小さな自分を捨てることです。

何度もいいますが、「まず、リーダーのほうから部下に働きかける」。それがリーダーの重要な役目なのです。

できるリーダーの「シンプルな質問力」

部下とのコミュニケーションを円滑にするためには、リーダーから部下にタイミングよく、シンプルな「質問」をするのも効果的です。

「○○の件はどうなっている？」

という質問をまず投げかける。

そうして部下と話すきっかけをつくると同時に、部下が担当している仕事がどういう状況になっているのかを確認します。

たとえば、部下が得意先と共同でイベントを開催する仕事を担っていて、

「こちらの段取りはほぼ固まっていますが、A社がイベントで販売する商品のラインナップが完全には決まっていない状況で、なかなか次の段階に進めません」

と答えが返ってきたとします。

その場合、

「そうか、大変だな。それではなかなか進まないな」

と、まずは部下の大変な状況をくみ取ってやること。そうすることで部下は、

「心配してくれているんだ」とわかってくれます。

それから部下に、

「ただイベント本番はもう○日後に迫っているので、急がなければならないな」

といって、しっかりと現状を受け止めさせます。

そのうえで、

「では、商品ラインナップが○日までには決まるよう、われわれも商品選びを手伝おう。さっそく明日、A社と打ち合わせをする時間を取るように」

と指示をし、具体的に動き出すのです。

「○○の件はどうなっている？」と部下に質問するタイミングは、私の経験からいうと、部下がその件で話をしていたと思われる電話をかけ終わった直後がベストです。部下も電話での話の流れの中で報告しやすいですし、こちらも迅速な対応ができるからです。

このちょっとした問いかけが部下を伸ばす

ところで、部下に声かけをするときには、「何か気の利いたことをいわなくてはならない」などと難しく考えていませんか？　そんなことで頭を悩ませる必要はありません。

ただし、たとえば部下が外に営業に出かけるとき、「頑張れよ」「しっかり頼むぞ」というのではなく、次のように、「質問」の形に変えるといいでしょう。

「今日はどこのエリアを回るんだ？」

「今日はどんな方針で営業をする？」

じつは、私がコンサルティングをした会社では、これを実践しただけで、部署の営業成績が三〇％も伸びました。

営業前に「質問」をされ、それに答えることで、部下の頭が整理されたり、部下が何かを準備し直したりするようになり、それが好結果につながったのです。

先にも述べましたが、部下とのコミュニケーションや、マネジメントに関して、小難しい理論やノウハウなんて必要ないのです。もっとシンプルに考えて、普段から何気なく「質問」をする。それだけで、部下の能力、また自身のリーダーとしての能力を磨くことができ、そして成果も上げることができるのです。

部下が「話しかけやすい上司」になる

部下とのコミュニケーションを円滑にするうえで、「話しかけやすい環境をつくる」ことはとても重要です。

部下は、上司に対しては「仕事の邪魔をしてはいけない」という意識を常に持っているので、なかなか話しかけられないのが現実です。

したがって、「話しかけやすい自分をつくる」ことがリーダーには必要です。「険しい顔」「不機嫌な顔」をやめてください。

簡単なアドバイスですが、これはものすごく重要で、リーダーが、険しい顔、不機嫌な顔をしていたらチームの雰囲気は確実に悪くなります。

常に「部下の話を聞く用意がある」という雰囲気をつくることが、リーダーには必要です。無理してニコニコしている必要はありませんが、なるべくやわらかい表情をつくっておくことが大切です。「そんなことか」といわれるかもしれませんが、そんな小さなことが重要なのです。

また、上司に話しかけたときに邪険に扱われた経験を部下が持ってしまうと、話しかけることに心理的ブレーキがかかるようになってしまいます。

リーダーは忙しいものです。部下が何かをいってきても、そのときすぐに対応できないこともあると思いますが、そういうときは、あとで必ず、話を聞く時間を取る。それが大切です。

「○○の件だな。これから社長に報告があるから、そのあとに話を聞こう。もう一度声をかけてもらっていいかな？」

こんな、ちょっとした一言で、「話しかけやすい自分をつくる」のです。

部下は常に上司に話しかけるタイミングを見計らっています。話しかけるタイミングを計りすぎたために、部下の仕事がおろそかになってしまえば、それは確実に悪影響を及ぼします。

なぜ、報連相がうまくいかないのか？

私は、クライアント先の企業のリーダーから、よく「報連相がうまくいかない」という相談を受けます。

その理由は簡単で、「報連相の時間をつくっていないから」です。

「いつでもいいから報連相をしてくれ」というのは、一見、効率的です。しかし、部下からしてみると、何か報連相をしたいとき、リーダーはとても忙しく動いているということが多いのです。

また実際、上司も急に報連相をされても十分な対応はできません。すると、メンバーは「あの人は自分の話を聞いてくれない」と思ってしまいます。

リーダーは、多くのやるべきことを抱えています。個々のメンバーからの報連相を受けるのは、その中のごく一部でしかありません。

しかし、部下にとっては上司への報連相こそが一番重要なことであることが多いのです。リーダーは、そのことを知らねばなりません。

リーダーは、「いつでも話を聞くぞ」という姿勢を見せるのが重要だと先に述べました。なぜなら、部下の中には、性格的に気を使うタイプで、忙しい上司になかなか話しかけられない人も多いからです。

その姿勢に加え、「報連相だけの時間」をつくるというのが有効な方法です。その時間をチームのメンバーに明確にしておくのです。

「上司を殺すには刃物はいらない。報告の三日も断てばよい」

なんて物騒な言葉がありますが、そうならないためにも、報連相の時間を設定してみてください。

部下の「ストロングポイント」をさらに強化する

リーダーはメンバー各個人の「ストロングポイント」を知ることが必要です。

部下の能力を引き出す——。

これは、優れたリーダーになるための条件です。

そのためには、部下の「ストロングポイント」を強化すべきだと、私は考えます。

部下には自信をつけさせることが重要です。

部下に自信をつけさせるには、どうすればいいか。

これは、いたってシンプルで、「結果を出させること」。それが何より重要です。

それ以外はないといってもいいでしょう。

部下は、上司から「今回はうまくいかなかったけど、君は頑張ったよ」などとほめられても、自信をつけることはできません。やはり結果が出なければ、本当の自信を身につけることはできないのです。

だからリーダーは、部下のストロングポイントを強化すべきなのです。そのほうが、部下はモチベーションを高め、能力を発揮しますし、当然、結果を出せる可能性も高いでしょう。

部下の少々の「ウィークポイント」には目をつぶること。そこをいたずらに矯正することはやめる。そうすべきだと私は考えます。

部下のストロングポイントを強化するためには、その部下が「仕事をしやすい環境を整えてあげる」ことです。そして、「君なら、できるよ」と伝えて、仕事を任せて、あれこれ口出しをせず、見守ってやることです。リーダーがやるべきことは、シンプルなのです。

もし、部下が実績を積むことで十分な自信をつけたと見えたら、「これができるんだから、ちょっとこれもやってみようか」と、ウィークポイントに目を向けさせてもいいでしょう。そして、不得意なことを部下にやらせるときは、リーダーが必ずフォローするようにするのです。

そうすることで、部下の能力を引き出し、成長させていく。優れたリーダーとは、こういう人のことをいうのです。

「プロセス」をほめるな、「結果」をほめよ

最近は、部下をほめるというのが一般的で、ほめて育てろといわれます。しかし、これには少し注意が必要です。

部下をほめすぎることはおすすめできません。ほめすぎることによって、仕事への意欲を削いでしまう可能性があるからです。

無理矢理ほめるところを探してほめるリーダーがいますが、結果を出せていないのにほめると、部下の成長を妨げることになりかねません。

部下が結果を出してはじめてほめる――。

それが重要で、プロセスでやたらほめてしまうとそれは部下のためにならないということです。

リーダーは部下をほめすぎず、目標達成の中間点でうまくいっていれば「この調

子で頑張ろう」、達成できたら、「よくクリアした。君にはやり抜く力がある。これからもその調子でやろう」といった具合にほめるのが理想的です。

部下には、満足感というのは人から与えられるものではないことを自覚してもらうことが大切なのです。

結局、結果が出ないと、部下自身も心の底から満足感は得られません。プロセスは大事ですが、結果を意識させることはもっと大事なのです。

また、滅多にほめない人が、さりげなくほめてくれたという経験は、人の心に強く残ります。

私が会社員の時代は、あまりほめる文化は根づいていませんでした。私が劣等生でほめられなかったのかというと、そうでもありません。みんなほめられた経験があまりないのです。

しかし、よくよく思い返してみると、私の上司はうまく表現してくれていました。結果を出すと、ニコッと笑顔を向けてくれたり、ポンと肩を叩いてくれたりして、それがものすごく励みになったのを覚えています。

喋りすぎるリーダーは二流

リーダーの中には、部下との会話の中で、自分のいいたいことばかりいっている人が少なくありません。

部下から意見や提案が出なくて困っている、というリーダーは多いのですが、それも、やはりリーダーが喋りすぎているからです。

たとえば、部下に何か意見を求めたときに、部下が一時、黙って考え込んでしまったとします。

そのときに、「どうなんだ？」「何かいえ」などと、部下にすぐに答えるようにうながしたり、プレッシャーをかけたり、自分の意見を話し始めたりする上司は、本当に多いのです。

部下は答えに迷っている、あるいは考えをまとめている最中なのです。それなのに性急に答えを求めたり、答えが出る前に自分の話を始めたりすると、部下は次か

部下を動かすのは理論より実践

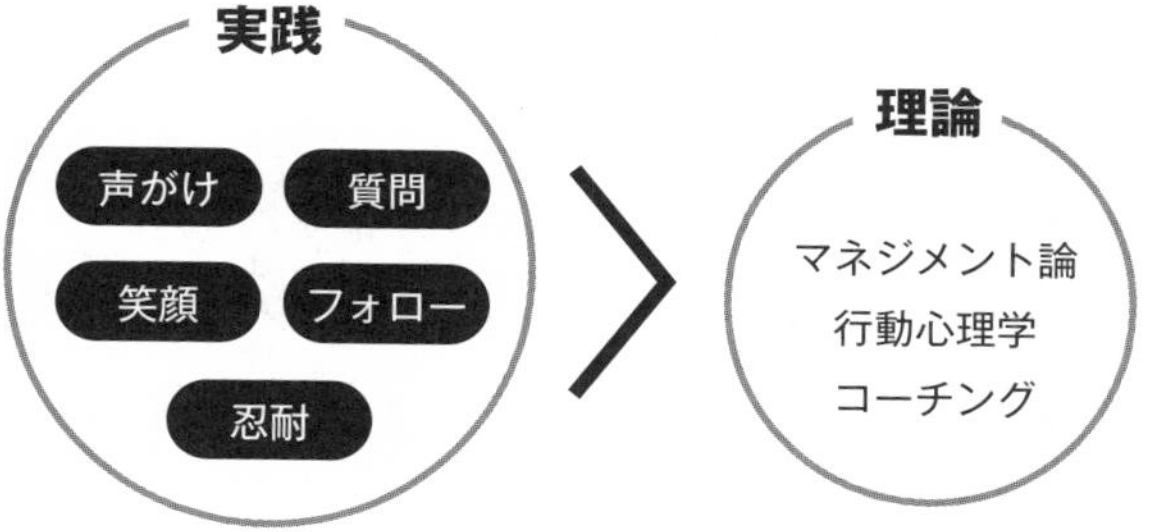

らあなたと話すことを嫌がるようになります。そうなると、あなたもその部下と話すのを避けるようになります。

イライラしないことです。部下とのコミュニケーションには「忍耐」が必要なのです。

もっと「長い目」を持て

部下指導においては、「短期的な視点」を捨てること。それだけで、部下指導はうまくいきます。

部下は、自分で仕事について考え、仕事を実行していくことで徐々に成長していくのです。

その成長は緩やかですが、あるとき急に伸びるときが来ます。成長が止まってしまっているのではないか、と感じるときもあるでしょうが、大きく成長するときが必ず来ると考え、辛抱強く待ってください。

もちろん、部下を甘やかせ、といっているのではありません。時には厳しい態度で臨まなければならないこともあります。

また、部下に好かれよ、といっているのでもありません。はっきりいいますが、リーダーは、部下に「好かれる」必要はないのです。それよりも「信頼される」ことが重要なのです。

「信頼されるリーダー」とは、部下にとってどんな人か。

その答えはシンプルです。

「自分を成長させてくれるリーダー」です。

部下は、リーダーが仕事に厳しくても、「この人のもとにいれば成長できる」と思えば、信頼してついていくものなのです。

「イエスマン」を集めてはいけない

リーダーの地位に就くと、チームのメンバーなどを自分で決めていくことができます。そこで陥るのが、「イエスマンばかりで周りを固めてしまう」ことです。

自分の意見に賛成する人ばかりが周りにいるのは、危険です。チームの間違いを正す機能が働かなくなるからです。

こうなると、いうまでもなく、リーダーは目標を達成することができなくなります。

反対意見をいってくれるメンバーは、とても貴重な存在です。なぜなら、そういう人はリスク回避に対する感性が高いからです。反対意見をいってくる人間を煙たがってはいけません。リーダーの「度量」というのはそこに表れるのです。

もし、自分の意見に異を唱える人がいても、熱くならず冷静に話に耳を傾ける。感情的になっては、チーム内に亀裂が生じ、目標が達成できないリスクを背負うことになるからです。

そもそも議論は、お互いの考え方の「違い」を確認し合うものです。そこで感情的になるのはナンセンスです。議論とはお互いの信頼関係をより強くするもの――そういう認識を持たなければなりません。

上司と部下が違うのは「役割だけ」

本田技研工業が、世界のホンダといわれるまでに発展を遂げたのは、本田宗一郎に藤沢武夫がついていたからです。

創業者・本田宗一郎の功績の大きさは万人が認めるところでしょう。しかし、いつも陰になり日向になって社長を支え続けた名参謀、藤沢武夫の存在を見逃すことはできません。

宗一郎は四六時中、現場にどっぷり漬かり、エンジンの開発に没頭しました。お金の心配はすべて藤沢がしてくれたから、安心して現場の仕事に専念できたのです。

藤沢武夫はけっしてイエスマンではありませんでした。いうべきときには、遠慮することなく宗一郎に諫言《かんげん》しました。

目標を一緒に成し遂げるために議論をする場においては、上司も部下もありません。同じ目標を持ち、それを一緒に成し遂げるための「同志」であり、「仲間」です。

上司と部下が違うのは、ただ一つ。「役割」だけなのです。

第4章

結果を出すリーダーの、チームを一つにまとめる技術

――段取り力、指導力、調整力、人間的魅力……

「名選手、名監督にあらず」

あなたがリーダーに選ばれたとします。

自分にはリーダーの才能がない……と、そんなふうに気後れすることはありません。そんな気後れは捨て去ってください。

リーダーが中心となっていいチームワークを発揮できるかどうかは、才能より心がけ次第で決まるのです。

「名選手、名監督にあらず」という言葉がありますが、リーダーシップを「才能」で片づける考え方は、捨てるべきです。

大事なことは、リーダーとしての努力と工夫ができるかどうか。会社は、そのことをよくわかっています。それができない人には、リーダーの役目を絶対に回さないのです。

だから、あなたはリーダーの資格を十分持っているのです。

何かのプロジェクトをチームで進める際は、リーダーである、あなたが才能を発揮するのではありません。チームメンバーに才能を発揮させることです。そのためにチームを一つにまとめるにはどうするか、そこに心を注ぐことが重要なのです。

円滑に動くチームのつくり方

いかにチームを一つにまとめて、円滑に動かすか――。

やるべきことは、次のとおりです。

①会社の戦略を自分の頭に叩き込む
②会社の戦略を部下と共有する
③部下に役割を与える
④部下を「その気」にさせる

①会社の戦略を自分の頭に叩き込む

会社には「戦略」があります。たとえば、それが「顧客の営業を成功に導くコンテンツを提供する」といったようなものだったとします。リーダーは、これをまず自分の頭にしっかりと叩き込み、脳に焼きつけることです。

②会社の戦略を部下と共有する

次に会社の「戦略」を部下に浸透させます。

しかし、「戦略」というのは抽象度が高いため、その戦略を実現するために具体的に何をすればいいのかがわかりません。そこで、「戦略」を部下と相互理解ができるような「戦術」に置き換え、共有します。

たとえば、先の例でいえば、「お客さんが売上二五％増を三年以内に実現するために、良質な企画書・提案書を作成するためのノウハウを提案・発信する」というように、会社の戦略を咀嚼《そしゃく》し、具体化させたうえで、部下と共有します。

部下に浸透しやすい形に戦略をブレイクダウンすることで、部下はそれを正しく理解し、その達成に向けて具体的に動くことができるのです。

③部下に役割を与える

戦術とは何か。「何を」「どうやって」「いつまでに」やるかを決めることです。すると、「やるべきこと」「やるべきでないこと」が見えてきます。仕事の目的や意義、目標、予算、期限……を具体的に挙げて、メンバーたちとよく話し合い、個々の役割を明確に決めていくのです。

④部下を「その気」にさせる

メンバーたちに個々の役割を伝えるとき、ただ仕事の内容、進め方を機械的に伝えるのではなく、「あなたにはこのような役割を期待しているから、ぜひ頑張って、結果を出してほしい」と伝えます。このステップは省略してしまいがちですが、ここが人を動かせるかどうかのキモであり、できるリーダーと、できないリーダーを分ける分岐点でもあるのです。

きちんと相手への「期待」を伝えること。部下を「その気」にさせて動かすのが、一流のリーダーなのです。

リーダーの「覚悟」が部下を動かす

人間は、自分の言動を正当化したがります。誰もが自分はかわいいですし、保身に走るのも、しかたがないことではあります。

ただし、これがいきすぎるとチームがバラバラになったり、仕事が非効率になったり、成果が出にくくなったりします。

ソニーの共同創業者である盛田昭夫は、会長時代、ウォークマンの開発に関して部下から大きな反発を受けました。録音機能のない再生専用器など売れるはずがない、と大反対されたのです。

しかし、盛田は挫《くじ》けることなく、

「三万台売れなければ、私は会長を辞めてもいい。会長命令だ。やれ」

「できるかできないかなんて聞いていない。できるまで知恵を絞れ」

と強烈なリーダーシップで周囲を巻き込み、進んでいったのです。

その結果、ウォークマンは爆発的なヒット商品となりました。

リーダーは、やると決めたことに対しては、「これは必ずできる」と確固たる信念を持つべきです。そして、誰よりも先に一歩踏み出す勇気を持たなくてはなりません。

つまり、ときには、部下の「できない」という反対意見に耳を貸さない覚悟を持ってほしいのです。

簡潔・明快な目標を設定し、問答無用で「やる」と決めてしまうと、「できない」と考えていた部下もやり遂げることができます。

リーダーが躊躇《ちゅうちょ》してはいけません。

部下は上司が躊躇している姿を見ると、確信を持てなくなり、前進するエネルギーを失ってしまうのです。

いまある音楽プレイヤーは、結局はウォークマンの仕組みがベースとなっています。ウォークマンがなければ、iPodもヒットすることはなかったはずです。

大きなことを成し遂げるには、強いリーダーシップを発揮し、部下の意見を聞き入れない覚悟も必要です。

部下が「達成できる」と確信するまで、何度も自分の信念をいい続けましょう。

部下が「最大の力」を発揮するとき

チームを一つにまとめる力のあるリーダーは、「ここぞ」というときには、妥協をしません。

ホンダの創業者である本田宗一郎は、自社製品のエンジンを欧州製品のエンジンの馬力の二倍以上のものにすると宣言しました。

この一見不可能と思われることにも、妥協することなく自らが先頭に立って取り組み、いつの間にかチームメンバーたちを本気にさせてしまいました。

人は、難しい目標に向かうときほど、能力を発揮します。それは、難しいことに取り組むときほど、集中力が増すからです。

リーダーとして妥協できないことは、妥協できないとしっかり主張するべきです。一流の人は、みなそうして大きな結果を出してきました。

「難しいけれど、これは必ず成し遂げる」

部下にいいきってしまうことで、部下にも「覚悟」が生まれます。

「覚悟」が生まれると、考え方や行動がシンプルになります。そうなると、驚くべき集中力や創造力を発揮できるようになります。いわゆる〝フロー状態〟となって、脇目も振らず物事に向かうことができるようになります。

スポーツなどでは、フローな状態になることを「ゾーンに入る」などと表現しますが、たとえば、一流のバッターが、「ボールが止まって見えた」などと語るときは、その状態なのです。

「難しい目標に向かうときほど、人は最大に能力を発揮することができる」ということを忘れないでください。

生産的な会議のルール

チームでまとまって仕事に臨むために、リーダーは会議を開くことになります。しかし、多くの場合、会議が意味のないものになっているのは、リーダーの責任が大きいのです。メンバーが悪いのではなく、リーダーの会議の進め方に問題があると認識してください。

私は、よく企業の会議に参加しますが、リーダーの能力不足のせいで、「この会議は無意味だな」と感じることがよくあります。

参加者の発言が少なかったり、リーダーが一人で延々と話していたりする会議に意味はありません。

リーダーがいいたい放題で、部下はうなずくだけでは何も生まれないのです。部下は、その場をやりすごすために適当に返事をするだけです。これでは会議ではなく、業務連絡です。それなら個別に話をすれば、三分で終わります。

こういう、何も生まないのにダラダラ続ける会議はやめてしまいましょう。

私はコンサルティング先の会社に、「会議のルール」をつくるように指導をします。たとえば、「会議は必ず三〇分で終える」といった具合にです。そうすると、メンバーには事前に自分の意見をまとめておいてもらうことが必要になります。当然、リーダーは議題や方針を事前にメンバーに伝えておかなければなりません。

できるリーダーは、こういった会議のルールを自分なりにつくることで、生産的な話し合いを生み出します。

部下に自分の失敗談を話す効果

キヤノン電子の酒巻久社長は、多くの会議をやめてしまいました。すべてやめたわけではありませんが、会議の代わりに「立ち話」をする機会を増やしたのです。

ようするに、会議はダラダラと続くだけなので、立ち話のほうが時間も短縮でき、よほど生産的だと感じたのでしょう。たしかに、短時間でしっかり緊張感を持って話すほうが、よっぽど効率的です。

地位が高い人ほど、会議に参加することが仕事だと思っている人が多いものですが、できるリーダーになりたいのなら、こういう考え方は捨てましょう。

また、会議好きな人間もいます。自分の意見を聞いてもらって安心したり、相手のダメなところを批判して満足感を得たりしているのです。

これで、仕事をやっている気になっているリーダーがいますが、はっきりいって二流以下です。

ところで、地位のある人は、会議の席で、よく自分の自慢話や、過去の栄光について語ってしまいがちです。これでは、参加者の気持ちは冷めてしまいますし、信頼は勝ち取れません。

もし、話をするのなら、「私は以前こういう失敗をしたから、こういうふうにしてみたらどうかな」と語ることです。

リーダーの失敗談には、重みがあります。リーダーが自分をさらけ出して、会社のために失敗談を話すことができれば、部下は上司を尊敬します。

部下のために、会社のために、恥ずかしい話でもどんどんしていきましょう。するとあなたの信頼度はむしろ増すでしょう。

リーダーに必要な「根回し力」

リーダーは、会議などで、時には自分の提案を強力に押し通さなければならないことがあります。

しかし、なかなかそれがうまくできない、というリーダーも少なくないのが現実ではないでしょうか。

重要なポイントは、いきなりその提案をしない、ということです。

なんの根回しもせずにいきなり提案して、その場の全員がすぐに「賛成！」と即答してくれることはまずないと思っていいでしょう。提案される側の立場に立って考えてみると、事前の根回しをしてもらいたかった、という気持ちになるのもよくわかると思います。

何も裏で画策せよといっているわけではありません。自分の考えや意向を事前に周知させる時間、場面を多く持つようにすればいいのです。

事前に話をすれば、その提案にみんなが興味を示すか、賛成してくれるか見当がつきますし、やりとりをする中で、さらに自分の考えをブラッシュアップすることもできます。

いきなり提案を聞かされ、反対か賛成かと問われても、すぐに答えを出せないのは当然です。それが、斬新なアイデアであれば、なおさらです。その結果、せっかくの提案が潰れることになっては、もったいない話です。

「根回し」は面倒なものですが、リーダーはこれを省略してはいけません。回り道のように思えるかもしれませんが、じつはそれが最短でゴールにたどり着くためのシンプルな道であることが多いのです。

リーダーであれば、組織内のパワーバランスを心得ていなければなりません。自分のチームのためにも、正面突破を狙うのではなく、うまく調整をしながら巧みに迂回をして目的地にたどり着く力をつける必要があるのです。

「根回し」がうまくなる二つのポイント

根回しのポイントは、
①誰に対してするのか
②どんな方法で攻めるのか
を考えることです。

根回しの対象にするべき人は、「賛成してくれそうな人」と、「賛成・反対のどちらでもなさそうな人」です。

自分の意見に「賛成してくれそうな人」とは、さらなる強いつながりをつくっておかなければなりません。これは、当然です。

そして、「賛成・反対のどちらでもなさそうな人」は、賛成にも反対にも流れる可能性があるので、一人でも多く味方に引き入れておく。

ここが重要なのです。

そして、「反対しそうな人」への根回しは、思いきって捨てること。なぜなら、「反対しそうな人」へ根回ししようとすると、さらに反発を強めさせて、物事をややこしくしてしまう可能性があるからです。

これは危険ですし、また反対を賛成に寝返らせるのは至難の業なので、そこに注力するよりは、シンプルに「賛成してくれそうな人」と、「どちらでもなさそうな人」を強力に味方に引き入れることに注力したほうがうまくいく可能性は高くなるのです。

では、どんな方法で味方に引き入れるのか。

・メリットを十分に説明する
・できるだけ具体的でわかりやすい書類にして見せる
・直属の上司には全面的協力を取りつけておく
・予想される反対意見に対する答えを事前に用意しておく
・直接関連しない部署の意見も聞いておく

このような方法が有効です。

「キーパーソン」の見極め方

大きな成果を上げようとするならば、リーダーは、社内外の権限を持った人物にアプローチをする必要があります。

つまり、「キーパーソン」を押さえ、動かさなければならないのです。

極論をいってしまえば、キーパーソンさえがっちり押さえてしまえば、それ以外の人物へのアプローチは捨ててしまってかまわないのです。

しかし、キーパーソンは、地位の高い人であることが多く、たいていは多忙なので、直接アプローチをかけるのが難しい場合もあります。

では、どうするか。結論からいってしまうと、あせらずに「外堀を埋めていく作戦を取る」ということになります。

まずキーパーソンの周りの人々から切り崩していくのです。

重要なのは、「周りの人を通じて、キーパーソンが考えていること、関心を持っていることをできるだけ早く察知すること」です。

まず、キーパーソンの周りの人に、「自分」を伝える必要があります。「この人は何者か」ということがわからなければ、相手もなかなか信頼できません。「この人と仕事をするメリットがある」とキーパーソンの周りの人に感じてもらうことが大事なのです。それがめぐりめぐって、キーパーソンに伝わります。

「何事にも、キーパーソンは二人いる」

また、キーパーソンの周りの人との「接触頻度」を上げていくことも大事です。キーパーソンの周りの人とコミュニケーションを取る場をセッティングし、その人との関係をつくってからキーパーソンにアプローチすると、成功率が高まります。

周りの人と関係ができてくると、キーパーソンに関する情報をもらえるので、事前に対策を打つこともできます。また、キーパーソンの欲しい情報を確実に提供することもできます。

「こいつはできる」とキーパーソンに思ってもらうには、まず周りの人の信頼を得るのが近道なのです。

では、キーパーソンはどうやって見つければいいのでしょうか。

単純に、役職が上であればあるほどキーパーソンであることは間違いないので、基本的には役職の高いほうへ、高いほうへとアプローチする方法を考えればいいでしょう。

しかし、「キーパーソンのキーパーソン」という存在が必ずいます。この人こそ、押さえておくべき存在なのです。

じつは、物事は、決定権者だけで決められているわけではありません。決定権者には「ブレーン」が必ずいるのです。

そういう人たちといい関係をつくることができれば、仕事がスムーズに進むことは間違いありません。

「何事にも、キーパーソンは二人いる」という意識を持ってください。決定権者は誰と親密な関係を結んでいるか、この点を注意深く調べることです。

「でも」「しかし」……を封じ込める

チームを一つにまとめるためには、リーダーは自分の「口グセ」に注意する必要があります。

リーダーには、習慣にすべきではない「口グセ」があります。

「でも」「しかし」という、否定、反論、言い訳へと続く逆説の接続詞です。

ホリエモンこと堀江貴文氏は、

「〝でも〟というのが口グセの人は、一生ダメ」

といっていましたが、たとえば、チームの誰かが何か話しかけてきたとしても、「でも」「しかし」でリーダーが切り返してしまえば、そこで建設的な話し合いはできなくなります。

「でも」「しかし」と部下の話を遮ってしまうのは、最悪のリーダーなのです。

リーダーの地位につく人というのは、仕事ができる人でもあるので、ビジネスの話では先が予想できてしまい、話を遮ってしまうことがよくあります。

しかし、人の話を最後までしっかり聞くということは、信頼関係構築のためには大切なことなのです。

このとき、話の内容が正しいか、間違っているかは、あまり重要ではありません。まずは話を最後まで聞くこと。そしてそこから何かを生み出そうとすること。その姿勢が大切なのです。

「それも一理あるね」という効果的な一言

ある心理カウンセラーの方は、「でも」「しかし」という言葉を一週間、まったく使わずに話すことを推奨されていました。

「でも」や「しかし」を使わないと文章は書けませんが、会話は十分にできます。

あえて意識して、逆説の接続詞を口にするのを我慢することで、チームのメンバーが前向きに、積極的に動いてくれるようになります。

もし、「でも」「しかし」という言葉を使いそうになったら、「それも一理あるね」という言葉に置き換えてください。そういう考え方もあるよね、と相手をまず認めてあげるのです。相手を否定することなく考え方に違いがあるのを伝えることができます。

リーダーになったら、否定的な口グセは禁物です。「でも」「しかし」といったネガティブな言葉を使うのが習慣になっていないか、自分でチェックしてみてください。リーダーは、前向きな言葉、生産的な言葉を使って、チームを一つにまとめなければなりません。

「沈黙⟷疑問点を聞く」テクニック

できないリーダーには「喋りすぎる」という共通点があることは前述しましたが、喋りすぎるリーダーというのは本当に多く、私はリーダー向けの研修などでいつも、「リーダーは、喋りすぎてはいけない」

と強く指導します。

「沈黙は金なり」といいますが、リーダーが「沈黙で語る」ことができれば、それは大きな効果を発揮します。

これはレベルが高いテクニックですが、リーダーとして、人の上に立つ人ならば必要なテクニックでもあります。

できるリーダーには、とことん相手の話を聞いて、最後にズバッと刺すシンプルな一言を発することで相手を納得させる人が多いものです。

たとえば部下が、あなたが下した方針に反対する意見をいってきた場合、感情的になってすぐにリアクションしたりせず、相手の真意がどこにあるのか、まずは徹底的に話を聞きます。

まずはひたすら話を聞くのです。そして、話を聞き終わったら、

「君の意見を要約すると、○○ということかな。ただこの点が、私にはどうも理解できない。もっと具体的に話してもらえるかな」

といった具合に、とにかく相手に話をさせる時間を長くしていくのです。話を黙

ってじっと聞くというのは、相手に緊迫感を与えます。

相手が話し終えたら、再度、「なるほど、○○ということだね。では、その点も詳しく説明してもらえるかな」といった具合に、「沈黙」→「疑問点を聞く」ということを繰り返すのです。

これを繰り返していくと、相手も完璧に反論できる内容を準備していることは少ないもので、その状況に耐えられなくなり、そのあと、逆に、あなたの意見によく耳を傾けてくれるようになります。ただ「喋らない」というシンプルな方法で、自分の意見、意向を相手に納得させるチャンスが生まれるのです。

喋り続けることで主張を通そうとすることが、必ずしも効果的ではないと心得ておきましょう。特に相手が感情的になっていれば、こちらは冷静に一歩引いて、押し黙る。相手の感情が収まるまで、徹底して話の聞き手に回るのです。

「バカ」になれるリーダーの魅力

チームを一つにまとめる力のあるリーダーは、例外なく「人間的魅力」を持っています。人は、魅力のある人に引き寄せられ、その人のために力になろうと動くものです。

人間的な魅力がある人とは、単に仕事ができるだけではありません。もちろん仕事ができるのも人間的魅力の一つですが、それだけではありません。

しかし、そんなに難しく考えないでください。

人間的魅力がある人とは、仕事をしっかりとこなしながらも、「バカになれる部分を持っている人」です。

いくら優秀な人でも、「完璧さ」ばかりが目につけば、周りの人間は息が詰まります。ここは人間関係のアヤともいうべきところで、「仕事はできるけど、つき合いづらい人だな」と思ってしまう人には人間的魅力を感じないものなのです。

「このリーダーにはこんな面もあるんだ。面白いな」という、「心を許せる部分」をメンバーに見せられる人こそ、魅力のあるリーダーです。

本田宗一郎の人間的魅力とは？

本田技研工業の創業者、本田宗一郎がある講演会に参加したときのことです。

宗一郎は、広い会場で一番目立つほど大きなリアクションを取りながら、講師の話を聞いていたそうです。

そして、話が一番のポイントになると、大きくうなずいたり、大笑いしたりしたのだそうです。

そのリアクションを見ることで、講師はどんどん乗せられてしまい、予定していた以上のことを喋ってしまった、という話があります。

名経営者と呼ばれるようになっても、他人の話に熱心に耳を傾け、またおちゃめなリアクションを取るというのは大変面白く、人間的な魅力にあふれています。

仕事で大きな結果を出している人間は、他人の話に耳を傾けることがなかなかできないものなので、その会場にいた誰もが驚いたことでしょう。

仕事では厳しいけれど、仕事を離れれば、その厳しさをサッと捨てる。相手がたとえ目下の人であろうともその話によく耳を傾け、虚心坦懐《きょしんたんかい》につき合う。そんな人には魅力があります。そして、その魅力は、組織を一つにまとめる力でもあるのです。

リーダーが遠ざけるべき、こんな人間

誰の話からでも学べることがある――。こういったことはよくいわれます。しかし、この考え方はリーダーになったら捨てることも必要です。あえて話を聞かない人を決めるのです。

では、リーダーが「話を聞かなくてもいい人」というのは、一体どういう人なのでしょうか。

新人のときは反面教師にするという意味も含めて、さまざまな人から話を聞いたほうがいいでしょう。大いに学ぶことがあるからです。

しかし、リーダーとなると、仕事と関係のない話や、通り一遍の話しかしない人と話をするのは、無駄な時間としかいいようがありません。

そして、もっとも話を聞かなくていい人は、あなたに対して、常にネガティブな発言を投げかけてくる人です。

それが納得できる話であるなら、当然、その話をきっちり最後まで聞いて、受け入れるべきことは受け入れる、ということも必要ですが、多くの場合、そうではありません。

特に感情的な反論である場合には、相手にしないのがベストです。感情的な反論に対して、こちらも感情的になって反論をするのは得策ではありません。これでは、状況を悪化させる一方です。

多くの人との交流の中で、何も得られない、時間の無駄、と感じる相手は必ず出てきます。

こういった人を「スルー」する、あるいは「遠ざける」スキルを持つことは、「仕事をシンプルにする」という観点からも、リーダーにとっては大切です。

不用意に敵をつくるな

仕事人生の中では、ソリが合わない人が出てくるのはしかたがないことです。しかし、だからといって不用意に敵や苦手な人をつくるのはよくありません。

あなたにとっての重要人物なのに、気が合わないからといって敵対してしまえば、物事はややこしくなり、感情にも振り回され、仕事に支障が出てきます。

不用意に敵や苦手な人をつくってしまう原因には、接触回数が少なすぎるということがあります。接触を避けると、当然、相手はあなたにいい印象を持ちません。

先にも述べましたが、心理学に「ザイアンスの法則」というのがあります。これは、人と人は、接触回数を増やすだけで、警戒心が薄れ、お互いの好感度が増していくというシンプルな法則です。

つまり、人間関係の構築は、コミュニケーションの「回数」に大きく左右されるということです。

そこで、アドバイスとしては簡単ですが、職場では短い立ち話でもいいから多くの人に積極的に話しかけ、とにかく接触の「回数」を増やしてみてください。

不用意に敵や苦手な人をつくらないためには、自分からコミュニケーションを取る機会を増やすことが大切なのです。

女性社員の上手な動かし方

女性の活躍が著しい時代になりました。そこで男性のリーダーが悩むのが、女性の部下に対する指導についてです。

女性の部下に対する上手な指導のポイントは、「プロセス重視」でいくことではないかと私は考えます。

ひとくくりにはできませんが、男性は結果重視の人が多く、女性はプロセス重視の人が多いように思います。

結果が大事か、プロセスが大事か、という議論がありますが、これは不毛な議論で、仕事においては、プロセスが正しければ、正しい結果にたどり着くわけですから、どちらも大事です。

ただ女性の部下に対しては、仕事のプロセスの一つひとつの目的や内容をより丁寧に説明したほうがうまくいく傾向があるように感じます。

私は会社員時代に教育担当をしていた時期があります。あるとき、一人の化粧品美容部員の教育をしました。

彼女は、とても真面目で、接客のやり方から売り場のつくり方まで、マニュアルに従ってしっかりやっていましたが、なかなか売上を上げられませんでした。

私は、彼女に、ただマニュアルに従って仕事をするのをやめさせたほうがいいと考え、逆になぜこのマニュアルがあるのか、どういう意図、目的があってこのマニュアルが出来上がったのかを懇切丁寧に説明しました。

すると、なんと三か月後に前年比一五〇％の売上を達成してしまいました。これはいままでになかった記録だったので、私も驚いてしまいました。

それまでは、マニュアルのとおりに仕事をしながら、どこか納得できないところがあったのでしょう。そのマニュアルができた「プロセス」を知り、納得したことによって仕事が「自分事」となった結果、マニュアルを超えて、自分なりの接客法や売り場のつくり方を構築することができ、成績が劇的に上がったのです。

「納得感」があれば、高い能力を発揮して仕事を遂行してくれるのが女性の部下なのです。

第5章

伸びるリーダーの、仕事を面白くする発想法

――「いいアイデア」の出し方から「信念」のつくり方まで

仕事はいつでも「面白く」

面白そうに仕事をしているリーダーと、つまらなそうに仕事をしているリーダー。部下はどちらについていきたいと思うか。

いうまでもなく、答えは前者です。

しかし、リーダーは、とにかく「結果」を求められるので、仕事に「面白さ」を求めることは二の次になりがちです。

しかし、いうまでもありませんが、仕事に面白さを感じていなければ、仕事が苦痛になり、結果を出すことは難しいのです。

新入社員の三割は三年未満で退職していく時代ともいわれています。その理由は、「仕事が楽しくない」というのが大半のようです。

過去に「自分探し」が流行りました。意気込んで就職したにもかかわらず、雑務ばかりやらされる、仕事が面白くない、もっと自分に適した仕事、職場があるのではないか、と転職を繰り返すのです。

しかも、中途半端な転職を繰り返すので、これといった武器となる力もつかない。結果として、悲惨な状況を自身でつくり上げてしまうのです。

リーダーも同じで、面白さを感じられず、仕事に没頭できなければ、スキルも身につきませんし、中途半端な仕事しかできません。結果として、二流以下のリーダーになってしまいます。仕事が中途半端になっていると思うのなら、根本的に考え方を変える必要があります。

自分で限界をつくっていないか？

中途半端なリーダーでは、自分のポジションを確立できません。「自分の居場所」をつくることはできないのです。これでは、心も不安定になるので、誰だって仕事に嫌気がさしてきます。

大事なことは、「思い込み」を捨てることです。

つまり、仕事が面白くない大きな原因は、いままでの経験から自分で自分に「制限」を設定していることにあるのです。

「こういうアイデアはあるけど、会社から許可が出ないだろうな」

「こうやってみたいけど、経験的に失敗する可能性が高いな」

こういったマイナスの考えが頭に浮かんだら、「本当にできないことなのか？」と、シンプルな問いを自分に発すること。そして、よく考えてみるのです。

じつは、そういった制限は単なる思い込みであることが本当に多いのです。その制限を取り払うことができるかどうか——それが、リーダーとしての仕事の面白さを発見できるかどうかの鍵となります。

仕事をシンプルにして、エネルギーを集中させる

よく「仕事は苦しいのが当たり前」といわれます。

しかし、できるリーダーは、例外なく自分の仕事に面白みを感じながら、高い集

中力で仕事に没頭しています。仕事に積極的に取り組み、周りと良好なコミュニケーションを取りながら、楽しそうに仕事をしています。

そのように仕事をするにはどうすればいいのか。

自分の「課題」を明確に持つことです。そして、仕事をシンプルにすることです。「課題」を持つことの重要性については、これまでにもお話ししましたが、あらためてそのことを理解する必要があります。

会社の「問題」と、自分の「課題」を混同しないこと。会社の問題を解決するために、自分に特定化された「やるべきこと」＝課題を見つけること。

そうすれば、仕事をシンプルにすることができます。仕事がシンプルになれば、世界が変わります。自分の「やるべきこと」が単純・明確になれば、そこにエネルギーを集中させることができるようになるからです。そして、出せる結果が圧倒的に変わってくるからです。

ある会社で、2章で紹介した「課題解決の技法」の指導をさせていただいたことがあります。その数か月後、その会社のリーダーと再会し、話をしたのですが、そのとき彼はこんなことをいっていました。

「課題を明確にして、それを解決することは、ロールプレイングゲームをクリアしていくようでとても仕事が面白くなりました」

ロールプレイングゲームにおける目的はただ一つ、敵を倒すことです。そのために主人公の能力を高めたり、武器を集めたり、仲間と協力したりして、敵を倒すという目的を果たすために力を集約させていきます。そこに面白さを感じてハマっていきます。「課題解決」を進めていくプロセスではそれに近い感覚を得られるのでしょう。

仕事で大事な〝ゲーム感覚〟とは?

言葉は悪いかもしれませんが、「仕事は、所詮ゲーム」なのです。仕事の場というのは、ゲームと同じ「仮想の空間」であるともいえて、これは、会社を辞めたときに、本当によくわかります。定年退職をして、会社から一度離れてしまえば、会社での実績というのは、大半が人生から消えていってしまうのです。

まさにゲームと同じなのです。だからこそ、「ゲーム感覚」で仕事をすることが大切になります。

そしてもちろん、仕事はゲームだからこそ、勝たなければならないのです。ゲームは勝ってこそ面白いのですし、ゲームに勝つには攻略法を持たなければなりません。

明確な自分の課題が見つかれば、それを解決する攻略法も必ず見つかります。

明確な自分の課題が見つかれば、解決できないと思い込んでいたことが、じつは解決できることに気づき、どう動けばいいのかが見えてきます。

「やるべきこと」がシンプルになれば、仕事は面白くなります。余計な「やらないでいいこと」に振り回されず、高い集中力を持って仕事に向かうことができます。

リーダーに求められる「耐える力」

リーダーの仕事は、一般社員のそれとは違います。リーダーの仕事というのは、大部分が「完全な正解」のない中で進んでいくものです。自分のチームを率いて未知の世界に踏み込み、結果を出さなければならないのです。

リーダーの仕事とは、新しいことに対するチャレンジの連続なのです。

新しいチャレンジに向かうときには、「耐える時期」というものが必ずあります。

たとえば、プロジェクトを成功させるための「準備期間」などです。

この時期は、地味な仕事が多く、「仕事が面白くない」と感じることもあります。

情報収集や関係者への根回し、社内的な事務手続きに追われたりします。

「行動」が伴わない仕事には、なかなか楽しみや喜びを感じられないのは事実です。

しかし、ここであせらず、行き当たりばったりで行動せず、情報収集や関係者への根回し、社内的な事務手続きに集中することです。

機が熟したらスピード感を持って行動すればいいのです。

機が熟すまでは行動を控える。「なぜ、いまは行動しないのか」をシンプルに明確化しておけば、それに苦痛を感じることは少なくなります。

「耐える力」のないリーダーは、「やるべきこと」や「やるべきでないこと」があいまいなまま走り出し、その結果、迷走します。

耐える時期に行なった、緻密な下準備があってこそ、その後シンプルかつ効率的、生産的に仕事を進めることができ、結果を出すことができるのです。

下準備期間に耐えることができなければ、やがてメンバーたちを迷走させ、無理、無茶をさせることになります。

「耐える力」のないリーダーは、目先の成果ばかり追い求め、大きな結果を出すことができないのです。

「あえて行動しないこと」で道が開くとき

あるＩＴコンテンツ系企業の企画部長は、売上至上主義という観点にとらわれ、とにかく売上目標を達成させることだけに突っ走ってしまい、具体的な指示もしないまま部下を動かし、多大な負荷をかけたそうです。

お客さんのニーズがどこにあるのか、ヒット商品の共通点は何か、どんな商品を提供するのか……ということを部下と力を合わせて調べ抜くことも、商品を売るために広告担当部署や営業部署への根回しをすることもせず、中途半端な商品を開発し、なかなか売上を達成できない部下に、夜中でもおかまいなしに電話をかけ叱責をしていました。

結局、部署の半分の人間が退職の意思を示し、チームは完全に崩壊してしまいました。

前項でも述べた「耐える力」のあるリーダーは、結果を出すための下準備を緻密《ちみつ》に積み重ね、ここぞというところでため込んでいたエネルギーを一点に集中させ、スピード感を持って行動を起こします。

つまり、結果を出すための「お膳立て」が万全に整った状態で行動を起こすので、当然、結果を出せる可能性が高いのです。

繰り返しますが、リーダーがやるべきことは、「行け行けどんどん」ではいけないのです。大声を張り上げ、部下を煽《あお》って、闇雲《やみくも》にあれをやれ、これをやれと命令し、動かそうとするリーダーは、チームや組織を迷走させ、危うくします。

仕事を合理的、効率的、生産的にするために、「あえて行動しない」という局面が、リーダーにはあるのです。

いい「アイデア」の出し方

先にも述べましたが、新しいことにチャレンジし続けるのがリーダーの仕事です。そのチャレンジを成功させるために必要なのが、「有効なアイデアを出す」ことです。

あなたも経験があると思いますが、アイデアがどんどん湧いてくれば、仕事は楽しくなります。ただ、「それはわかっているけど、なかなかいいアイデアが出てこないから、つらいんだよ」という声が聞こえてきます。

アイデアを出そうとするときに苦痛を感じてしまう大きな原因は、ゼロから何かを生み出そうとすることにあります。

つまり、いままで誰も思いつかなかった、まったく新しいアイデアを出そうとするから苦痛を感じてしまうのです。

たしかに、世の中にはすばらしい発想力、創造力がある人もいます。しかし、みんながみんな、その能力があるわけではありません。

そこで、視点を変えてみる。「すでになんとなく考えていた平凡なアイデアを磨いて、仕上げる」のです。

スタートは平凡なアイデアでかまいません。その平凡なアイデアを深く考えていくのです。平凡なアイデアを面白いアイデアに「進化」させるのです。

「オズボーンのチェックリスト」

たとえば、「売上アップのために電話営業を増やす」という平凡なアイデアも、「そのために、どうするか?」と考えていくことで磨かれ、精度の高いアイデアになっていきます。

電話営業をただ行なうだけでは、売上も現状維持がやっとでしょう。

では、そのアイデアを「進化」させるためにはどうすればいいのでしょうか。

あなたに知っておいてほしいのは、「いいアイデアは、既存のアイデアの組み合わせから生み出すことができる」ということ。何かと何かをくっつけることで生むことができる、ということです。

たとえば、何かイベントを開催することにして、それを話のネタに電話営業をする。こうすることで、いままでとは違うリアクションが返ってきたりして、契約件数も上がったりするのです。

「売上アップのために電話営業を増やす」という平凡なアイデアも、組み合わせ次第で、新しいアイデアに進化していくのです。

アイデアを進化させるテクニックとして有名なものに、「オズボーンのチェックリスト」というものがあります。

これは、ブレーンストーミングの考案者として有名なオズボーンによる発散発想技法で、アイデアに詰まったときに、突破口を見つけるシンプルかつ効果的な、九つの質問リストです。

①他に使い道がないか？
②他に似たものを探してみたら？
③変更してみたら？
④大きくしてみたら？
⑤小さくしてみたら？
⑥置き換えてみたら？
⑦配置や並びを変えてみたら？
⑧逆にしてみたら？
⑨組み合わせてみたら？

いかがでしょうか。
このようにアイデアを進化させていく作業は、とても楽しいものです。
ぜひ活用してみてください。

煮詰まったら「場所」を変えてみる

もう一つ、アイデアを出すシンプルな方法として、ぜひ、

「場所を変えてみる」

ということをしてみてください。

アドバイスとしては簡単なものですが、実際に机にかじりついて物事を考えていても、なかなかいいアイデアは出てきません。視点を変えるためにも、「場所」を変えることをおすすめします。

ところで、「ノマドワーキング」という働き方が注目されています。

「ノマド（nomad）」は、英語で「遊牧民」を意味します。近年、インターネットの発達によって、遠く離れた人と意見を交わしたり、どこでも情報を手に入れたりすることが容易になり、職場だけでなくさまざまな環境や場所で仕事をすることが可能となりました。

このような働き方を「ノマドワーキング」といい、こうした働き方をする人を「ノマドワーカー」と呼びます。

もちろん、この働き方は限定的で、一部の人たちだけが実現できるものですが、ここから、「場所」へのこだわりを捨てる、という仕事のヒントを得ることができます。

アイデアは、「机の上」で考えているときより、カフェや電車の中にいるときのほうが思い浮かびます。

これは、「場所」が変わることで、新しい刺激を受けるからです。いままでにない頭のスイッチが入り、アイデアが生まれてくることがあるのです。

また、シャワーを浴びているときや散歩をしているときなど、リラックスした状態でアイデアは浮かびやすい傾向があります。

アイデアは「必死に考える」となかなか出てきません。「いいアイデアを出すぞ！」と意気込めば意気込むほど、頭が固くなり、〝脳力〟を引き出すことができません。

中国古典に学ぶ「ひらめき力」の磨き方

アイデアを出すときは、リラックスできる環境をつくることが重要です。

リラックスした状態で考え続けていると、あるとき突然、いいアイデアがひらめいた――という経験は、あなたにもあるのではないでしょうか。

たとえば、机にかじりついてアイデアを考えたけれど、なかなかひらめかず、疲れて帰宅し、お風呂にゆっくりとつかっていたら、突然、いいアイデアがひらめいた――ということはよく起こります。

中国の古典から生まれた「三上《さんじょう》」という言葉があります。

これは、「馬上＝馬の上、つまり移動中」「枕上《ちんじょう》＝寝床に入っているとき」「厠《し》上《じょう》＝トイレの中あるいはお風呂の中」の三つを意味します。優れた詩やアイデアがひらめくのは、机に向かって考えているときではなく、日常生活の些細なことをしているときである、といっているのです。

「リラックス」が思考力、発想力を磨く

リラックスしているとき、思考はシンプルになっています。そういうときこそ、人はひらめきを得やすいのです。

私自身も、シャワーを浴びているときによくいいアイデアが湧きます。ジェームズ・ワットは、散歩をしているときに、新しい蒸気エンジンをつくるアイデアが湧いたといわれていますし、アップル創業者のスティーブ・ジョブズは、散歩をしながらミーティングをするというスタイルを取っていたといわれています。

また、いいアイデアが欲しいなら、「自己規制」をしないことです。

「ブレーンストーミング」をするときの四つの鉄則は、

「質より量」「自由奔放」「批判禁止」「統合改善」

であることは有名ですが、特に叩き台となるアイデアを考えるときは、「これは無理だ」「現実的じゃない」「前に失敗した」「予算がない」……などといった「自

己規制」はしないこと。そうでないと、アイデアがしぼんでいくからです。

まず、「思いついた」ことはなんでも、どんどん出していくこと。

そこから、先に紹介した「オズボーンのチェックリスト」のように、アイデアを「転がす」ことでブラッシュアップしていくことが肝要です。

常に「コンディション」を万全にせよ

リーダーというのは、日々、自分の体の「コンディション」に気を配らなければなりません。あなたが倒れれば、チームは機能しなくなってしまうからです。

風邪などの病気にかかることはもちろんですが、「やる気低下」などの心の不調にも注意しなくてはなりません。

しかし、「なんとなくやる気が出ないな」というときも、その原因は、じつは体の不調が原因のことが多いものです。

昔から、心身一如《いちにょ》——体と心はつながっているといわれていますが、人間は体が資本なのでこれは当然だといえます。

最近では、できるビジネスパーソンの間で、体のコンディションを整えるコーチをつけることが流行っています。

コンディションを整えるためには、休息、栄養、運動が必要不可欠です。運動不足で、食事はコンビニ弁当ばかり、多忙で休日もしっかり休めないという状況では、リーダーとして失格です。

体によくない影響が生じると、当然、パフォーマンスは落ち、心も折れやすくなってしまいます。

無理や無茶をしすぎると、体のコンディションは悪くなる一方で、仕事の質も高まりません。休日にはしっかりと心身ともに休めるように、ウィークデイで仕事を終わらせる計画を立ててください。

仕事ができない人ほどよく風邪を引く!?

栄養に関しては、「まごわ（は）やさしい」という合言葉があります。豆類、ゴマ（などの種実類）、わかめ（などの海藻類）、野菜、魚、しいたけ（などのキノコ類）、イモ類、こういったものをバランスよく摂れば、生活習慣病予防になるといわれています。

また、運動では、軽い筋トレやジョギングをするだけでも、テストステロンというホルモンの数値を上げることができます。このホルモンは、集中力を高め、やる気や競争力も高めてくれます。

自動車通勤をしている人は、メタボになりやすい傾向にあるので気をつけてください。二〇一二年に発表されたアメリカ、イリノイ大学の研究によると、車によく乗る人ほどメタボになりやすいと結論づけられています。

私は最近、ボウリングを始めました。これは、頭をリフレッシュさせながら、体も使うので一石二鳥です。

部下を支えつつ、チームを引っ張っていかなければならないリーダーが体調を崩していれば、チーム全体が弱体化してしまいます。

「仕事ができない人ほどよく風邪を引く」などといわれますが、体調管理をしっかりとして、健康な体をつくることも一流のリーダーの必須条件なのです。

一流のリーダーの「眠り方」

「残業はするな」

最近、ビジネスの世界では、残業をしないことが常識になっています。会社が残業代を削減するためということもありますが、定時に仕事を終われないということは能力がないことを証明しているようなものだと考えるようになってきたからです。

私も、残業はするべきではないと考えていますが、その理由は少し違います。残業をすると、睡眠時間が短くなる弊害があるからです。

睡眠に関するある研究をご紹介します。

被験者四八人を集め、四時間睡眠、六時間睡眠、八時間睡眠の三つのグループに分けて、一四日間、それぞれ決まった時間以上眠らないようにしてもらい、認知機能や反応時間のテストを行ないました。

その結果、八時間睡眠のグループがもっとも高いパフォーマンスを発揮したのです。一方、四時間睡眠のグループは、低いパフォーマンスしか出せませんでした。六時間睡眠のグループは最初のうちは問題ありませんでしたが、一〇日目を過ぎた頃から変化がありました。実験最終日では、認知機能が二日間まったく眠らなかった人と同等になったのです。

ショートスリーパーの人々は短時間睡眠でも成功できるのでしょうが、多くの人はしっかりと睡眠を取ったほうが得策です。八時間睡眠を取ることは難しいかもしれませんが、六時間以下でいいとは思えません。

ノーベル物理学賞を受賞された小柴昌俊氏をはじめ、Amazon.com創業者のジェフ・ベゾス氏、堀江貴文氏、タイガー・ウッズ氏……などが、長い睡眠時間を取っていることは有名です。

睡眠でしっかりと疲労を取らなくては、仕事でミスが起きないほうがおかしいのです。

残業しないためのシンプルな極意

ですから、二四時間の使い方を自分なりにきっちり組み立てておかなければなりません。まずは、「睡眠の時間」を軸として、一日のスケジュールを組んでみることです。

たとえば、睡眠時間を六時間とすると、残りは一八時間です。食事の時間やお風呂に入る時間、通勤時間などのルーティン、休息時間を考えれば、活動できる時間は一〇時間ほどになるはずです。

その時間を使って、最大限のパフォーマンスを発揮できるようにスケジュールを組み立てるのです。

たとえば、仕事に使える時間が一〇時間なら、仕事を八時間で仕上げる方法を考えてみてください。急に入ってくる仕事もあるので、一〇時間で終わらせるようとするとやりきれないことが出てきて、残業することになるからです。

また、一時間の「コアタイム」と三〇分の「仕事の見直し時間」をつくっておきましょう。

一番難しそうな仕事に向かうために「コアタイム」をつくっておき、無駄なこと、非効率的なことをしなくていいように、「見直しの時間」を取っておくのです。

そして、重要なので繰り返しますが、リーダーがしなくていいことは、すべて部下に任せる。これこそが、リーダーが残業をしないためのシンプルな極意です。

部下に「小さな失敗」をどんどんさせる

元サントリー会長の佐治敬三は、

「人生はとどのつまり賭けや。やってみなはれ」

という有名な言葉を残していますが、サントリーには、「結果を怖れてやらないことを悪として、なさざることを罪と問う」という社風があります。

リーダーは、部下と一緒になってチームの知恵を結集し、協力して、大きなことを成し遂げていくものです。若くて経験の少ない人にもどんどん仕事を回して、見守ってあげるということが重要です。

ちょっと離れたところから見守るというのは、なかなか苦しいことではあります。リーダーには経験もありますし、こうするともっとよくなる、という正解もわかっているからです。

しかし、「仕事を任せる」ということをしなければ、リーダーにはいくら時間があっても足りません。

部下に、大きな失敗をさせてはいけませんが、小さな失敗はどんどん重ねてもらって成長してもらう。そうシンプルに割りきってみてください。

元トリンプ・インターナショナル・ジャパン社長の吉越浩一郎氏は、

「上司が部下を育てるという考え方はおこがましい。仕事そのものが部下を育てるのだ」

とおっしゃっています。そのとおりだと思います。

少し話がそれましたが、睡眠時間を減らして、体に負担をかけて、「根性」で仕事を進めるべきではありません。

「根性」は勝負どころで生かすものであって、仕事のベースにするものではないのです。

これからのキャリアをどう考えるか

アメリカの心理学者エドガー・シャイン氏が提唱する「三つの輪」というものがあります。

これは、自分のキャリア、働き方を考えるときに、次の三つのシンプルな質問を自分に問いかけるものです。

①「あなたのやるべきことは？」
②「あなたのできることは？」
③「あなたの好きなことは？」

この三つの「やるべきことの輪」「できることの輪」「好きなことの輪」の重なり

合う中に、あなたにもっとも適したキャリアがある――というフレームワークです。

まず、「①あなたのやるべきことは?」――いきなりこの質問をされても、ほとんどの人は簡単に答えられないでしょう。

そこで、順番を逆にして、「③あなたの好きなことは?」から考えてみるのです。あなたの「好きなこと」はなんでしょうか? それを自分に問うのです。これなら、簡単に答えを出すことができます。

「好きなこと」×「得意なこと」で考える

たとえば、街歩きが好きだ、評判のお店のチェック、ヒット商品の研究が面白い……など。こういう人は、どうも「マーケティング」的なことに興味がありそうですが、このように、自分自身の「好きなこと」が見えてきたら、次は「②あなたのできることは?」について考えてみます。

ここでは「好きなこと」というより、「得意なこと」を挙げます。自分の強みを

エドガー・シャインの「3つの輪」

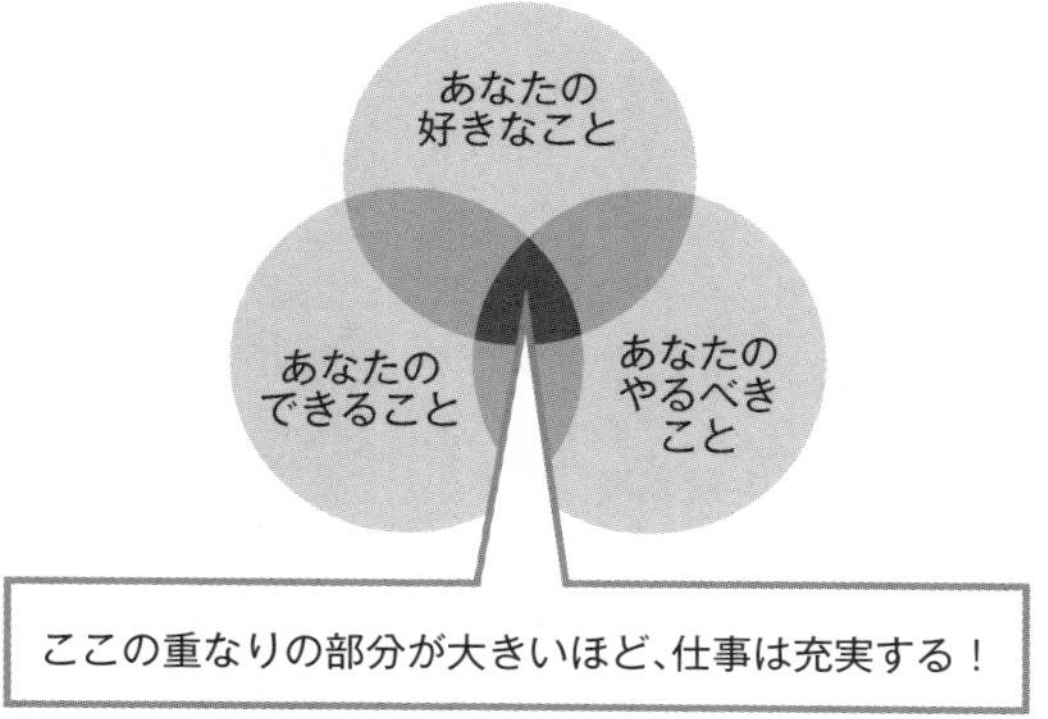

思い浮かべて、実際に書き出してみてください。プレゼンが得意、ＩＴ機器に詳しい、英語には自信がある……などです。

そして、「好きなこと」と「できること（得意なこと）」を組み合わせて考えると、「①あなたがやるべきことは？」が見えてきます。

たとえば、先の例でいうと、「好きなこと」である「評判のお店のチェック」と、「できること（得意なこと）」である「英語」を組み合わせれば、「日本で評判のお店を、外国人向けに英語で紹介するサービスを提供する」というアイデア（あなたがやるべきこと）が出てくるでしょう。

よく、「好きなこと」をやるのがいいのか、「得意なこと」をやるのがいいのか、という議論がありますが、これはナンセンスだと私は思っています。

ほとんどの場合、「好きなこと」しか「得意なこと」になりえないし、「得意なこと」しか「好きなこと」になりえないからです。

「好きなこと」と「できること（得意なこと）」を組み合わせて考えるとき、もう一つ「誰かを喜ばせることができるか？」というシンプルな視点があるといいでしょう。そこにビジネスチャンスがあるからです。

この「エドガー・シャインの三つの輪」は、余計な選択肢を捨てて、自分がやるべきことを見つけるために有効なので、ぜひ取り入れてみてください。

「お金」よりも大事なこと

人はただ生きているだけでもお金がかかります。そのお金を稼がなければ生活できないという現実があります。これは誰でも同じです。お金が欲しいという欲望は誰もが持っているでしょう。

ただ、気をつけなくてはいけないことがあります。わかりきったことかもしれませんが、お金は幸せになるための「手段」です。お金を持っているだけでは人は必ずしも幸せにはなれないということです。

お金が引き金となって人は不幸にもなります。

お金に盲目となった人は怖いものです。

お金のことで頭がいっぱいになると、「どれだけ儲かるか」という視点しか持つことができなくなるのです。

「お金への欲望をすべて捨てろ」と、きれいごとをいうつもりはありませんが、しかし、お金だけに価値を置くと、自分の人生もお金に換算されるだけになるのです。

お金を中心とした仕事、働き方をすると、「信念」を簡単に曲げてしまいます。

しかし、「信念」のないリーダーは、やがて必ず淘汰《とうた》されます。私利私欲に走り、リーダーとして本当は捨てるべき間違った選択肢を拾うようになるからです。

信念のあるリーダーは強い

自分の「信念」をしっかりと持って、責任を持って善悪を判断し、行動していく――これこそが、リーダーに求められていることです。

これまでも繰り返し述べてきたように、リーダーというのは、会社や組織、チーム全体の成長・成功に寄与するために存在している、という原理原則を忘れないことです。

そして、そのために自分がやるべきことは何か、自分はなんのために仕事をしているのか――この自問自答を繰り返すことが、「信念」をつくり上げていくときのベースとなるのです。

信念のあるリーダーは強いのです。

なぜか。

「目の前の利益を捨てる」ことができるからです。

「目の前の誘惑に勝つ」ことができるからです。

「命もいらず、名もいらず、官位も金もいらぬ人は、始末に困るものなり。この始末に困る人ならでは、艱難《かんなん》を共にして、国家の大業は成し得られぬなり」

これは西郷隆盛が残した言葉です。

まさに至言で、名誉やカネなどにつられない人間は厄介だが、そういう人間でなくては国づくりのような大業は成し得ない、という意味で、ようするにお金や名誉に惑わされない人間が一番強い、ということです。

お金を稼ぐ、欲望を持つのは重要です。しかし、その欲望につられて、私利私欲に走る人間は、弱い人間なのです。周りの人間にとってみれば〝始末に困らない人間〟――つまり、御しやすい人間だからです。コントロールしやすい、軽い人間だからです。

強いリーダー、一流のリーダーをめざすのであれば、信念を貫くこと。そうすれば、「結果として」お金はあとからついてくるのです。

「歴史の偉人たち」を相談相手とする

リーダーの地位に就くと、多くの悩みを抱えることになりますが、反対に悩みを相談できる人は少なくなっていきます。だから、上に行けば行くほど、精神的なタフさが必要になってくるのです。

できるリーダーにとって、「孤独に耐える」ということは必須の条件だといえます。

馴れ合いを捨て、孤独に親しみを感じられる自分をつくらなければなりません。では、孤独に向き合い、孤独を受け入れるためにはどうすればいいのでしょうか。

多くのリーダーが、古い時代に著された古典を読んでいます。古典は、長く読み継がれているだけに、時代を超えて規範とすべき術が記されているからです。

ＳＢＩホールディングスのＣＥＯである北尾吉孝氏は『論語』をバイブルとしていますし、住友生命保険会長の佐藤義雄氏は『菜根譚《さいこんたん》』を愛読書としているといわれています。

人生においてためになる言葉、ビジネスやプライベートで活用できる教えを読み、心をケアしているのではないでしょうか。孤独と向き合うためには、先人の知恵を借りるのも一つの手なのです。

リーダーのための「十七条憲法」

できるリーダーは孤独に耐えるために、先人たちの力に頼り、光明を見出していくのではないかと私は考えます。

面白い例では、花王の丸田芳郎元社長は、聖徳太子が考案した「十七条憲法」を人生訓としていました。

あなたも中学校のときに習ったと思いますが、十七条憲法の内容は、現在の憲法のようなものではなく、官人の心得になっています。

当時、丸田社長は十七条の条文を書き出し、私たちに教えてくれました。

先人の考え方を学び、自分のいまの状況と照らし合わせながら、どのようにこの苦労を乗り越えていくか、思いをめぐらせていたのだと思います。

たとえば、第一条だけでも、リーダーとして学ぶことはたくさんあります。参考までにご紹介しましょう。

一に曰《い》わく、和を以《もっ》て貴《とうと》しとなし、忤《さから》うこと無きを宗《むね》とせよ。人みな党あり、また達《さと》れるもの少なし。ここをもって、あるいは君父《くんぷ》に順《したが》わず、また隣里《りんり》に違《たが》う。しかれども、上和《かみやわら》ぎ下睦《しもむつ》びて、事を論《あげつら》うに諧《かな》うときは、すなわち事理おのずから通ず。何事か成らざらん。

現代語訳は以下のとおりです。

一にいう。和を何よりも大切なものとし、いさかいを起こさぬことを根本としなさい。人はグループをつくりたがり、悟りきった人格者は少ない。それだから、君主や父親のいうことに従わなかったり、近隣の人たちともうまくいかなかったりする。しかし上の者も下の者も協調・親睦の気持ちを持って論議するなら、おのずから物事の道理にかない、どんなことも成就するものだ。

これだけでも、孤独に耐えるための心構えができるのではないでしょうか。結局、人間の考えにオリジナルなどないのです。自分の抱えている悩みには、誰かがすでに答えを出してくれています。その先人の知恵を使えばいいのです。

「トップは真っ先に苦しみ最後にいい思いをする」

リーダーは、誰よりも仕事を熟知して、誰よりも真剣に仕事に立ち向かう、ということを求められているのはいうまでもありません。

そのために、いま目の前にある仕事にどう対応するのかを誰よりも深く考えることが必要です。

徹底して考え抜き、自分を追い込むことも、時には必要です。ラクをしようと考えてしまえば、油断が生まれ、大きな失敗につながってしまいます。

心の平穏は捨ててしまうべきです。逆にいうなら、リーダーには、自分を追い込むことでこそ、心の平穏が訪れるのです。

伊藤忠商事の丹波宇一郎元会長は、

「トップは真っ先に苦しみ最後にいい思いをする」

という考え方をしていたそうです。

自分を追い込んで真剣に考え抜けば、緻密な計画が立てられ、抜けのない提案もできます。たとえば、現在進んでいるプロジェクトが好調でも、とことん考え抜いて「本当にこれでいいのか？」と自問自答することが大切です。

とことん考え抜かれた提案は、人の気持ちを動かしますし、リーダーとしての覚悟も自然に出来上がります。

そうすると、大きな結果を手にできるのです。


（了）

本書は、小社より刊行した単行本を文庫化したものです。

阿比留眞二（あびる・しんじ）
課題解決コンサルタント®。株式会社ビズソル代表取締役。

1954年、東京・中野生まれ。明治大学商学部卒業後、花王石鹸株式会社（現・花王株式会社）入社。以後、26年間、管理部門、販売・企画部門、社員教育部門などに配属され、そこで培った経験をもとに、独自のビジネス・メソッドを作り上げる。2005年、株式会社ビズソルネッツ（現・株式会社ビズソル）を立ち上げ、「課題解決コンサルタント」として、そのメソッドを駆使し、さまざまな企業の経営者から幹部・幹部候補社員、新入社員まで、15年間でのべ8000人を指導。特にリーダー層向けの研修では、目標達成のための合理的な思考力、判断力、実行力、コミュニケーション力が身につくと好評を博している。

著書に『最高のリーダーは、この「仮説」でチームを動かす』（三笠書房）、『紙1枚で仕事の課題はすべて解決する』（ワニブックス）などがある。

知的生きかた文庫

最高《さいこう》のリーダーは、
チームの仕事《しごと》をシンプルにする

著者　阿比留《あびる》眞二《しんじ》
発行者　押鐘太陽
発行所　株式会社三笠書房
〒一〇二―〇〇七二　東京都千代田区飯田橋三―三―一
電話〇三―五二二六―五七三四〈営業部〉
〇三―五二二六―五七三一〈編集部〉
https://www.mikasashobo.co.jp
印刷　誠宏印刷
製本　若林製本工場

ISBN978-4-8379-8762-8 C0130

マッキンゼーのエリートが大切にしている39の仕事の習慣

大嶋祥誉

「問題解決」「伝え方」「段取り」「感情コントロール」……世界最強のコンサルティングファームで実践されている、働き方の基本を厳選紹介！　テレワークにも対応!!

頭のいい説明「すぐできる」コツ

鶴野充茂

「大きな情報→小さな情報の順で説明する」「事実＋意見を基本形にする」など、仕事で確実に迅速に「人を動かす話し方」を多数紹介。ビジネスマン必読の１冊！

なぜかミスをしない人の思考法

中尾政之

「まさか」や「うっかり」を事前に予防し、時にはミスを成功につなげるヒントとは――「失敗の予防学」の第一人者がこれまでの研究成果から明らかにする本。

できる人の語彙力が身につく本

語彙力向上研究会

あの人の言葉遣いは、「何か」が違う！「舌戦」「仄聞」「鼎立」「不調法」「鼻薬を嗅がせる」「半畳を入れる」……。知性がきらりと光る言葉の由来と用法を解説！

世界のトップを10秒で納得させる資料の法則

三木雄信

ソフトバンクの社長室長だった著者が、孫正義社長仕込みの資料作成術の極意を大公開！　10種類におよぶ主要資料作成のツボと考え方が、これ1冊で腹落ちする!!

C50435